FwDV 2
Feuerwehr-Dienstvorschrift 2
Stand: Januar 2012

Ausbildung der Freiwilligen Feuerwehren

Verlag W. Kohlhammer
Deutscher Gemeindeverlag

Diese Dienstvorschrift wurde vom Ausschuss Feuerwehrangelegenheiten, Katastrophenschutz und zivile Verteidigung (AFKzV) auf der 30. Sitzung am 29.02.2012 und 01.03.2012 in Lübeck genehmigt und den Ländern zur Einführung empfohlen.

Druck mit freundlicher Genehmigung des Ausschusses, Feuerwehrangelegenheiten, Katastrophenschutz und zivile Verteidigung (AFKzV).

Satz und Druck:
W. Kohlhammer Deutscher Gemeindeverlag GmbH

© 2012 W. Kohlhammer Deutscher Gemeindeverlag GmbH
Verlagsort Stuttgart
Gesamtherstellung:
W. Kohlhammer GmbH, Heßbrühlstr. 69, 70565 Stuttgart
produktsicherheit@kohlhammer.de
ISBN 978-3-555-01584-2

Inhaltsverzeichnis

Vorwort 7

Teil I	Rahmenrichtlinien	9
1	Grundsätze	9
2	**Truppausbildung**	12
2.1	Truppmannausbildung	13
2.1.1	Truppmannausbildung Teil 1 (Grundausbildungslehrgang)	13
2.1.2	Truppmannausbildung Teil 2	13
2.2	Lehrgang „Truppführer"	14
3	**Technische Ausbildung**	15
3.1	Lehrgang „Sprechfunker"	16
3.2	Lehrgang „Atemschutzgeräteträger"	16
3.3	Lehrgang „Maschinisten"	16
3.4	Lehrgang „Technische Hilfeleistung"	17
3.5	Lehrgang „ABC-Einsatz"	17
3.6	Lehrgang „ABC-Erkundung"	18
3.7	Lehrgang „ABC-Dekontamination P/G"	18
3.8	Lehrgang „Gerätewarte"	18
3.9	Lehrgang „Atemschutzgerätewarte"	19

4	**Führungsausbildung**	20
4.1	Lehrgang „Gruppenführer"	21
4.2	Lehrgang „Zugführer"	21
4.3	Lehrgang „Verbandsführer"	21
4.4	Lehrgang „Einführung in die Stabsarbeit"	22
4.5	Lehrgang „Führen im ABC-Einsatz"	22
4.6	Lehrgang „Leiter einer Feuerwehr"	23
4.7	Lehrgänge „Ausbilder in der Feuerwehr"	23
5	**Fortbildung**	24
Teil II	**Musterausbildungspläne**	25
1	**Grundsätzliches**	25
1.1	Lernziele	25
1.2	Lernzielstufen	26
1.2.1	Lernzielstufen im Erkenntnisbereich	26
1.2.2	Lernzielstufen im Handlungs-/Verhaltensbereich	28
1.2.3	Lernzielstufen im Gefühls-/Wertebereich	29
1.3	Formen der Unterrichtsorganisation und Unterrichtsmethoden	30
1.3.1	Lehrvortrag	30
1.3.2	Unterrichtsgespräch	30
1.3.3	Partner-, Gruppen- und Stationsarbeit	31
1.3.4	Projektarbeit	31
1.3.5	Rollenspiel	32
1.3.6	Planübung	32
1.3.7	Lehrübung/Lehrprobe	33
1.3.8	Praktische Unterweisung	34
1.3.9	Einsatzübung	34

2	**Truppausbildung**	**35**
2.1	Truppmannausbildung	35
2.1.1	Truppmannausbildung Teil 1 (Grundausbildungslehrgang)	35
2.1.2	Truppmannausbildung Teil 2	40
2.2	Lehrgang „Truppführer"	44
3	**Technische Ausbildung**	**47**
3.1	Lehrgang „Sprechfunker"	47
3.2	Lehrgang „Atemschutzgeräteträger"	48
3.3	Lehrgang „Maschinisten"	50
3.4	Lehrgang „Technische Hilfeleistung"	53
3.5	Lehrgang „ABC-Einsatz"	56
3.6	Lehrgang „ABC-Erkundung"	60
3.7	Lehrgang „ABC-Dekontamination P/G"	62
3.8	Lehrgang „Gerätewarte"	64
3.9	Lehrgang „Atemschutzgerätewarte"	68
4	**Führungsausbildung**	**71**
4.1	Lehrgang „Gruppenführer"	71
4.2	Lehrgang „Zugführer"	77
4.3	Lehrgang „Verbandsführer"	80
4.4	Lehrgang „Einführung in die Stabsarbeit"	83
4.5	Lehrgang „Führen im ABC-Einsatz"	85
4.6	Lehrgang „Leiter einer Feuerwehr"	89
4.7	Lehrgänge „Ausbilder in der Feuerwehr"	92
5	**Fortbildung**	**95**

Vorwort

Diese Feuerwehr-Dienstvorschrift regelt die Aus- und Fortbildung sowie die jeweils erforderlichen **ausbildungsbezogenen** Voraussetzungen für Angehörige von Freiwilligen Feuerwehren. Weitergehende Ausbildungs- und Lehrgangsvoraussetzungen, laufbahnrechtliche Regelungen und ähnliches sind nicht Gegenstand dieser Vorschrift.

Die Vorschrift ist in gleicher Weise für Angehörige von Pflichtfeuerwehren und von Werkfeuerwehren anzuwenden, für die eine der Leistungsfähigkeit der Freiwilligen Feuerwehren vergleichbare Ausbildung gefordert ist.

Die Vorschrift gilt auch für Beamte des feuerwehrtechnischen Dienstes, sofern in landesrechtlichen Regelungen darüber keine Vorgaben enthalten sind.

Die in der vorliegenden Dienstvorschrift beschriebene Ausbildung stellt die **Mindestforderung** dar. Eine Ergänzung ist unter länderspezifischen Gesichtspunkten möglich. Im Interesse der Vergleichbarkeit der Ausbildung in den Ländern sollen die Ausbildungsvorgaben und Lehrgangsvoraussetzungen einheitlich gehandhabt werden.

Soweit Landesfeuerwehrschulen genannt werden, gilt der Hinweis ebenso für zentrale Ausbildungsstätten der Länder. Soweit die Kreisebene genannt ist, gilt dies auch für kreisfreie Städte.

Die zivilschutzbezogenen Anteile der Ausbildung sind in den Musterausbildungsplänen mit einem * besonders gekennzeichnet.

In dieser Vorschrift wird der Sammelbegriff „*ABC*" für „*atomar*" (=*radiologisch* und *nuklear*), „*biologisch*" und „*chemisch*" verwendet. Er wird bedeutungsgleich zum Begriff „*CBRN*" für „*chemisch*", „*biologisch*", „*radiologisch*" und „*nuklear*" verwendet.

Die in der Vorschrift genannten Stunden beziehen sich auf Unterrichtsstunden von jeweils 45 Minuten.

Die Funktionsbezeichnungen und damit zusammenhängende Lehrgangsbezeichnungen gelten sowohl für weibliche als auch für männliche Feuerwehrangehörige.

Teil I Rahmenrichtlinien

1 Grundsätze

1.1 Die Ausbildungsziele sind so gestaltet, dass sie aufeinander aufbauen. Damit ist gewährleistet, dass die Lehrgänge streng funktionsgebunden durchgeführt werden. Unnötige Vorgriffe und Wiederholungen sind somit ausgeschlossen.

1.2 Inhalte der Aus- und Fortbildung sind funktionsbezogen auf die Tätigkeit auszurichten, insbesondere bei der
- Rettung von Menschen und Tieren,
- Ersten Hilfe,
- Bekämpfung von Bränden,
- Bergung von Sachen,
- Leistung technischer Hilfe,
- Bekämpfung von Gefahren durch atomare, biologische und chemische Stoffe und der
- Durchführung des Brandsicherheitswachdienstes.

Die Musterausbildungspläne enthalten auch die zivilschutzbezogene Ausbildung; diese ist dort besonders kenntlich gemacht.

Die Aus- und Fortbildung erfolgt auf der Grundlage der jeweils geltenden rechtlichen Bestimmungen, der technischen Regelwerke, der Unfallverhütungsvorschriften und den zugehörigen Merkblätter sowie der Gebrauchsanleitungen der Hersteller.

1.3 Die Ausbildung gliedert sich in
- Truppausbildung,
- Technische Ausbildung,
- Führungsausbildung.

1.4 Die Feuerwehrangehörigen, die eine Funktion ausüben, müssen die entsprechende Ausbildung erfolgreich abgeschlossen haben. Die Vertreter von Führungskräften müssen die für die betreffende Funktion erforderliche Ausbildung erfolgreich abgeschlossen haben.

1.5 Die befristete Wahrnehmung einer Führungsfunktion soll nur Angehörigen der Freiwilligen Feuerwehr übertragen werden, die mindestens die Ausbildung für die vorhergehende Führungsfunktion erfolgreich abgeschlossen haben.
Die befristete Wahrnehmung einer Funktion ohne erfolgreichen Abschluss der hierfür erforderlichen Ausbildung soll auf zwei Jahre begrenzt werden, in denen die erforderliche Ausbildung zu erwerben ist.

1.6 Werden Lehrgänge in mehrere Abschnitte unterteilt, so sind alle Abschnitte innerhalb von zwei Jahren nach Beginn der betreffenden Ausbildung erfolgreich abzuschließen. Länger zurückliegende Ausbildungsabschnitte sind zu wiederholen.

1.7 Werden Lehrgänge zusammengefasst durchgeführt, so dürfen dabei keine Ausbildungsinhalte der einzelnen Lehrgänge unberücksichtigt bleiben.

1.8 Die erfolgreiche Teilnahme an einem Lehrgang wird durch einen Leistungsnachweis festgestellt. Die praktischen Leistungsnachweise sind in den Übungsstunden nach landesrechtlichen Vorgaben durchzuführen. Die schriftlichen Leistungsnachweise sind in den Musterausbildungsplänen gesondert ausgewiesen.

1.9 Eine funktionsgerechte und regelmäßige Fortbildung ist neben der Teilnahme an Einsätzen zur Erhaltung und Aktualisierung des Leistungsstandes unbedingt erforderlich.

1.10 Jeder Feuerwehrangehörige soll nach Abschluss der Truppausbildung jährlich mindestens an 40 Stunden Fortbildung am Standort teilnehmen.

1.11 Führungskräfte ab Gruppenführer, insbesondere Leiter von Feuerwehren, sowie die Ausbilder sollen zusätzlich innerhalb von jeweils höchstens sechs Jahren, beginnend mit dem Zeitpunkt der Übernahme der Funktion, nachweislich an einem Fortbildungsseminar teilnehmen.

1.12 Die erfolgreich abgeschlossene Laufbahnausbildung für den feuerwehrtechnischen Dienst wird bei der Ausbildung der Freiwilligen Feuerwehr wie folgt anerkannt:

Feuerwehrtechnischer Dienst:	Freiwillige Feuerwehr
Grundausbildungslehrgang	Truppmannausbildung nach Ziffer 2.1
Laufbahnausbildung für den mittleren feuerwehrtechnischen Dienst ohne Gruppenführerqualifikation	Truppführer nach Ziffer 2.2
Laufbahnausbildung für den mittleren feuerwehrtechnischen Dienst mit Gruppenführerqualifikation oder Führungsausbildung für den mittleren feuerwehrtechnischen Dienst	Gruppenführer nach Ziffer 4.1
Laufbahnausbildung für den gehobenen oder höheren feuerwehrtechnischen Dienst	Zugführer nach Ziffer 4.2 Verbandsführer nach Ziffer 4.3 *) Leiter einer Feuerwehr nach Ziffer 4.6 *) Ausbilder in der Feuerwehr nach Ziffer 4.7

*) sofern nach Landesrecht in den Ausbildungen enthalten

2 Truppausbildung

Die Truppausbildung gliedert sich in
- die Truppmannausbildung, bestehend aus
  - Truppmannausbildung Teil 1 (Grundausbildungslehrgang) und
  - Truppmannausbildung Teil 2
- den Lehrgang „Truppführer".

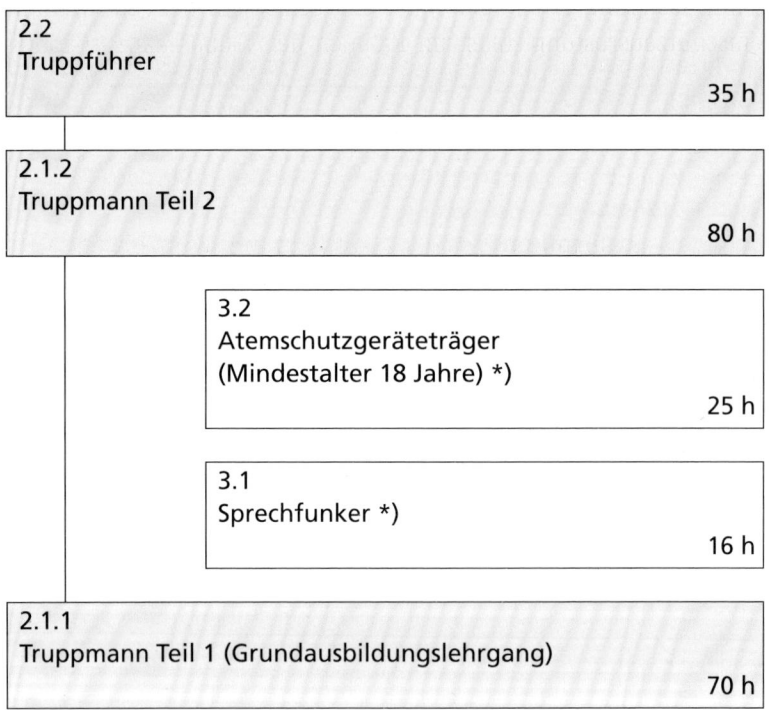

*) Bei Feuerwehren mit Atemschutzausrüstung sollen im Rahmen der Truppmannausbildung der Lehrgang „Sprechfunker" und der Lehrgang „Atemschutzgeräteträger" absolviert werden.

2.1 Truppmannausbildung

Alle Angehörigen der Freiwilligen Feuerwehren erhalten die gleiche Truppmannausbildung. Ausnahmen sind für bestimmte Funktionsträger, wie zum Beispiel Fachberater, zulässig.
Die Truppmannausbildung wird nach landesrechtlichen Regelungen in der Feuerwehr beziehungsweise für mehrere Feuerwehren zusammengefasst auf Gemeinde- oder Kreisebene durchgeführt.
Die Truppmannausbildung ist erst nach erfolgreicher Teilnahme an der Truppmannausbildung Teil 1 und Teil 2 abgeschlossen. Bei Feuerwehren mit Atemschutzausrüstung sollen im Rahmen der Truppmannausbildung der Lehrgang „Sprechfunker" und der Lehrgang „Atemschutzgeräteträger" absolviert werden. Eine Ausbildung in Übungseinrichtungen zur Brandbekämpfung (heiße Ausbildung) wird empfohlen.

2.1.1 Truppmannausbildung Teil 1 (Grundausbildungslehrgang)

Ziel der Truppmannausbildung Teil 1 ist die Befähigung zur Übernahme von grundlegenden Tätigkeiten im Lösch- und Hilfeleistungseinsatz in Truppmannfunktion unter Anleitung.
Dauer der Truppmannausbildung Teil 1: mindestens 70 Stunden.

2.1.2 Truppmannausbildung Teil 2

Ziel der Truppmannausbildung Teil 2 ist die selbstständige Wahrnehmung der Truppmannfunktion im Lösch- und Hilfeleistungseinsatz sowie die Vermittlung standortbezogener Kenntnisse.
Dauer der Truppmannausbildung Teil 2: mindestens 80 Stunden in zwei Jahren.

2.2 Lehrgang „Truppführer"

Voraussetzungen für die Lehrgangsteilnahme ist die erfolgreich abgeschlossene Truppmannausbildung.
 Ziel der Ausbildung ist die Befähigung zum Führen eines Trupps nach Auftrag innerhalb der Gruppe oder Staffel.
 Lehrgangsdauer: mindestens 35 Stunden.
 Der Lehrgang wird nach landesrechtlichen Regelungen auf Kreisebene oder an Landesfeuerwehrschulen durchgeführt.

3 Technische Ausbildung

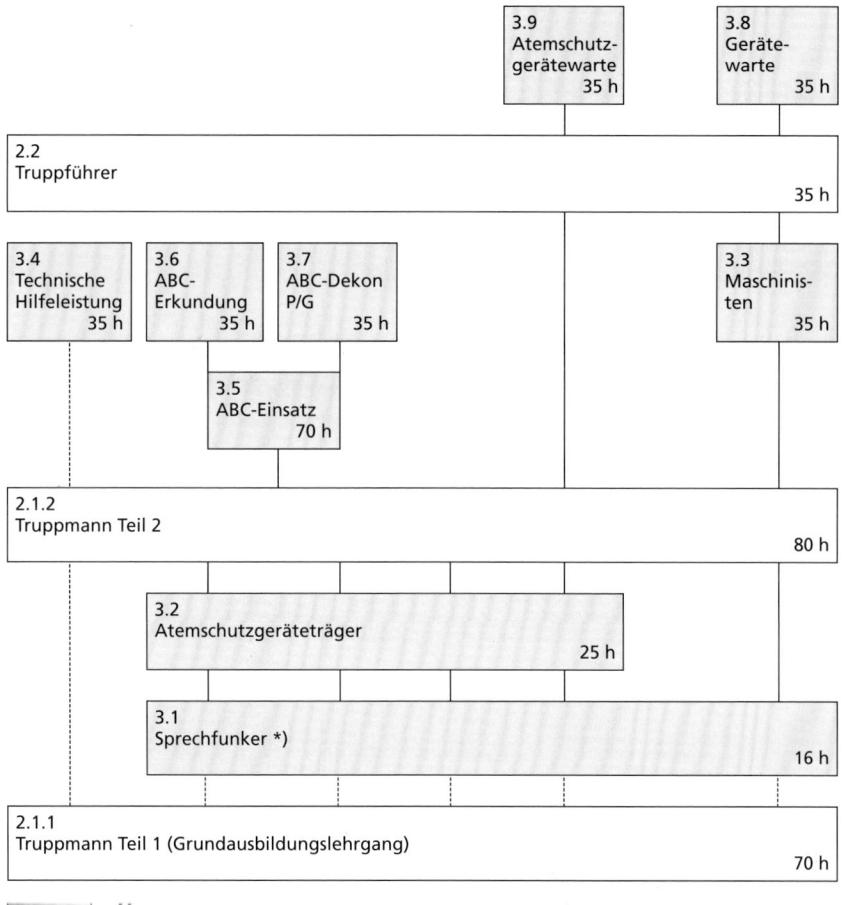

☐ = Voraussetzungen

*) Der Lehrgang „Sprechfunker" soll vor den Lehrgängen „Atemschutzgeräteträger" und „Maschinist" abgeschlossen sein.

3.1 Lehrgang „Sprechfunker"

Voraussetzung für die Lehrgangsteilnahme ist die erfolgreich abgeschlossene Truppmannausbildung Teil 1.
Ziel der Ausbildung ist die Befähigung zum Übermitteln von Nachrichten mit Sprechfunkgeräten im Feuerwehrdienst.
Lehrgangsdauer: mindestens 16 Stunden.
Der Lehrgang wird nach landesrechtlichen Regelungen auf Kreisebene oder an Landesfeuerwehrschulen durchgeführt.

3.2 Lehrgang „Atemschutzgeräteträger"

Voraussetzung für die Lehrgangsteilnahme ist die erfolgreich abgeschlossene Truppmannausbildung Teil 1. Der Lehrgang „Sprechfunker" soll vor dem Lehrgang „Atemschutzgeräteträger" abgeschlossen sein.
Ziel der Ausbildung ist die Befähigung zum Einsatz unter Atemschutz.
Lehrgangsdauer: mindestens 25 Stunden.
Der Lehrgang wird nach landesrechtlichen Regelungen auf Kreisebene oder an Landesfeuerwehrschulen durchgeführt.

3.3 Lehrgang „Maschinisten"

Voraussetzungen für die Lehrgangsteilnahme sind die erfolgreich abgeschlossene Truppmannausbildung und die jeweils erforderliche Fahrerlaubnis für die betreffende Fahrzeugklasse. Der Lehrgang „Sprechfunker" soll vor dem Lehrgang „Maschinisten" abgeschlossen sein.
Ziel der Ausbildung ist die Befähigung zum Bedienen maschinell angetriebener Einrichtungen – mit Ausnahme von maschinellen Zugeinrichtungen – und sonstiger auf Löschfahrzeugen mitgeführten Geräte sowie die

Vermittlung von Kenntnissen und richtiger Verhaltensweisen, die für die Durchführung von Einsatzfahrten unter Inanspruchnahme von Sonderrechten erforderlich sind.
Lehrgangsdauer: mindestens 35 Stunden.
Der Lehrgang wird nach landesrechtlichen Regelungen auf Kreisebene oder an Landesfeuerwehrschulen durchgeführt.

3.4 Lehrgang „Technische Hilfeleistung"

Voraussetzung für die Lehrgangsteilnahme ist die erfolgreich abgeschlossene Truppmannausbildung.
  Ziel der Ausbildung ist die Befähigung zur verletztenorientierten Rettung, zur richtigen Handhabung der Ausrüstung und zur Bedienung der Geräte für technische Hilfeleistungen auch größeren Umfanges.
Lehrgangsdauer: mindestens 35 Stunden.
Der Lehrgang wird nach landesrechtlichen Regelungen auf Kreisebene oder an Landesfeuerwehrschulen durchgeführt.

3.5 Lehrgang „ABC-Einsatz"

Voraussetzungen für die Lehrgangsteilnahme sind die erfolgreich abgeschlossene Truppmannausbildung und der erfolgreich abgeschlossene Lehrgang „Atemschutzgeräteträger".
  Ziel der Ausbildung ist die Befähigung zur Handhabung der Sonderausrüstung einschließlich der Schutzkleidung.
Lehrgangsdauer: mindestens 70 Stunden.
Der Lehrgang wird nach landesrechtlichen Regelungen auf Kreisebene oder an Landesfeuerwehrschulen durchgeführt.

3.6 Lehrgang „ABC-Erkundung"

Voraussetzung für die Lehrgangsteilnahme ist der erfolgreich abgeschlossene Lehrgang „ABC-Einsatz".
    Ziel der Ausbildung ist die Befähigung zur Bedienung und zum Betrieb des ABC-Erkundungskraftwagens.
Lehrgangsdauer: mindestens 35 Stunden.
Der Lehrgang wird nach landesrechtlichen Regelungen auf Kreisebene oder an Landesfeuerwehrschulen durchgeführt.

3.7 Lehrgang „ABC-Dekontamination P/G"

Voraussetzung für die Lehrgangsteilnahme ist der erfolgreich abgeschlossene Lehrgang „ABC-Einsatz".
    Ziel der Ausbildung ist die Befähigung zur Handhabung der Fahrzeuge und Geräte der Einheiten ABC-Dekontamination *Personen/Geräte*.
Lehrgangsdauer: mindestens 35 Stunden.
Der Lehrgang wird nach landesrechtlichen Regelungen auf Kreisebene oder an Landesfeuerwehrschulen durchgeführt.

3.8 Lehrgang „Gerätewarte"

Voraussetzungen für die Lehrgangsteilnahme sind der erfolgreich abgeschlossene Lehrgang „Truppführer" und der erfolgreich abgeschlossene Lehrgang „Maschinisten".
    Ziel der Ausbildung ist die Befähigung zur Wartung, Instandsetzung, Pflege und Prüfung der Beladung von Feuerwehrfahrzeugen und der persönlichen Ausrüstung, soweit dies nicht in anderen Lehrgängen vermittelt

wird, sowie zur Durchführung einfacher Wartungs- und Pflegearbeiten an Feuerwehrfahrzeugen.
Lehrgangsdauer: mindestens 35 Stunden.
Der Lehrgang wird an Landesfeuerwehrschulen durchgeführt.

3.9 Lehrgang „Atemschutzgerätewarte"

Voraussetzungen für die Lehrgangsteilnahme sind der erfolgreich abgeschlossene Lehrgang „Truppführer" und der erfolgreich abgeschlossene Lehrgang „Atemschutzgeräteträger".

Ziel der Ausbildung ist die Befähigung zur Wartung, Instandsetzung, Pflege und Prüfung der Atemschutzgeräte.
Lehrgangsdauer: mindestens 35 Stunden.
Der Lehrgang wird an Landesfeuerwehrschulen durchgeführt.

4 Führungsausbildung

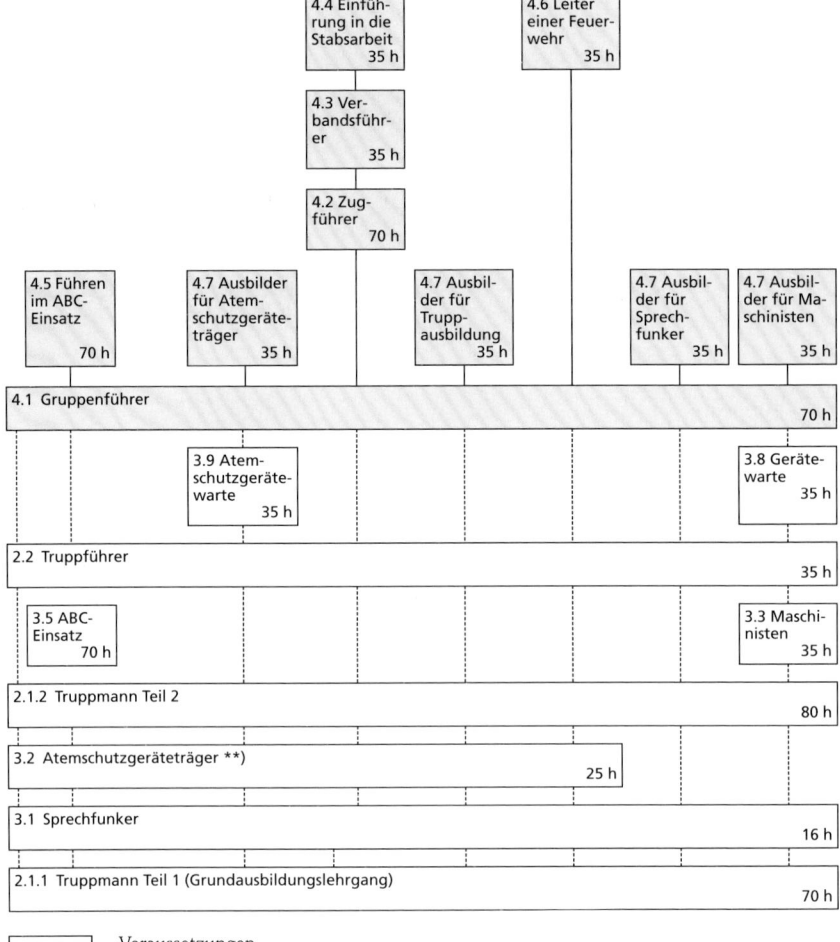

☐ = Voraussetzungen

**) Führungskräfte von Feuerwehren mit Atemschutzausrüstung sollen als Atemschutzgeräteträger ausgebildet sein

4 Führungsausbildung

4.1 Lehrgang „Gruppenführer"

Voraussetzung für die Lehrgangsteilnahme ist der erfolgreich abgeschlossene Lehrgang „Truppführer".

Ziel der Ausbildung ist die Befähigung zum Führen einer Gruppe, einer Staffel oder eines Trupps als selbstständige taktische Einheit sowie zur Leitung von Einsätzen mit Einheiten bis zur Gruppenstärke.
Lehrgangsdauer: mindestens 70 Stunden.
Der Lehrgang wird an Landesfeuerwehrschulen durchgeführt.

4.2 Lehrgang „Zugführer"

Voraussetzung für die Lehrgangsteilnahme ist der erfolgreich abgeschlossene Lehrgang „Gruppenführer".

Ziel der Ausbildung ist die Befähigung zum Führen eines Zuges – einschließlich eines erweiterten Zuges – sowie zur Leitung von Einsätzen mit Einheiten bis zur Stärke eines erweiterten Zuges.
Lehrgangsdauer: mindestens 70 Stunden.
Der Lehrgang wird an Landesfeuerwehrschulen durchgeführt.

4.3 Lehrgang „Verbandsführer"

Voraussetzung für die Lehrgangsteilnahme ist der erfolgreich abgeschlossene Lehrgang „Zugführer".

Ziel der Ausbildung ist die Befähigung zum Führen von Einheiten über dem erweiterten Zug (Führungsstufe C: Führen mit einer Führungsgruppe) sowie zur Leitung auch von Einsätzen mit Einheiten verschiedener Aufgabenbereiche auf der Grundlage der Feuerwehr-Dienstvorschrift 100.

Lehrgangsdauer: mindestens 35 Stunden.
Der Lehrgang wird an Landesfeuerwehrschulen durchgeführt.

4.4 Lehrgang „Einführung in die Stabsarbeit"

Voraussetzung für die Lehrgangsteilnahme ist der erfolgreich abgeschlossene Lehrgang „Verbandsführer".

Ziel der Ausbildung ist die Befähigung zur selbstständigen Führung eines Sachgebietes in einer stabsmäßig arbeitenden Einsatzleitung.
Lehrgangsdauer: mindestens 35 Stunden.
Der Lehrgang wird an Landesfeuerwehrschulen durchgeführt.

4.5 Lehrgang „Führen im ABC-Einsatz"

Voraussetzungen für die Lehrgangsteilnahme sind der erfolgreich abgeschlossene Lehrgang „Gruppenführer" – soweit nicht nach Landesrecht eine weitergehende Ausbildung erforderlich ist – und der erfolgreich abgeschlossene Lehrgang „ABC-Einsatz".

Ziel der Ausbildung ist die Befähigung zum taktisch richtigen Einsatz der ABC-Ausrüstung und zum Führen entsprechend ausgebildeter taktischer Einheiten im ABC-Einsatz.
Lehrgangsdauer: mindestens 70 Stunden.
Der Lehrgang wird an Landesfeuerwehrschulen durchgeführt.

4.6 Lehrgang „Leiter einer Feuerwehr"

Voraussetzung für die Lehrgangsteilnahme ist die erfolgreiche Teilnahme am Lehrgang „Gruppenführer", soweit nicht nach Landesrecht eine weitergehende Ausbildung erforderlich ist.

Ziel der Ausbildung ist die Befähigung zur Leitung einer Feuerwehr in organisatorischer und verwaltungsmäßiger Hinsicht.
Lehrgangsdauer: mindestens 35 Stunden.
Der Lehrgang wird an Landesfeuerwehrschulen durchgeführt.

4.7 Lehrgänge „Ausbilder in der Feuerwehr"

Voraussetzung für die Teilnahme am Lehrgang „Ausbilder für die Truppausbildung" ist der erfolgreich abgeschlossene Lehrgang „Gruppenführer". Um die Ausbildung in der Ersten Hilfe eigenverantwortlich gestalten zu können, müssen die Ausbilder zusätzlich eine entsprechende rettungsdienstliche Qualifikation vorweisen können.

Teilnehmer an den verschiedenen Ausbilderlehrgängen für die technischen Lehrgänge müssen zusätzlich zum Lehrgang „Gruppenführer" die dem jeweiligen Lehrgang entsprechende technische Ausbildung erfolgreich abgeschlossen haben. Bei Ausbildern für Maschinisten oder für Atemschutzgeräteträger zählen hierzu die erfolgreich abgeschlossenen Lehrgänge „Gerätewarte" oder „Atemschutzgerätewarte" oder, alternativ, ein verkürzter, fachspezifischer Lehrgang zum Erwerb der notwendigen Fachkunde.

Ziel der Ausbildung ist die Befähigung zur Durchführung der auf Gemeinde- oder Kreisebene stattfindenden Lehrgänge.
Lehrgangsdauer: mindestens 35 Stunden.
Der Lehrgang wird an Landesfeuerwehrschulen durchgeführt.

5 Fortbildung

Ziel der Fortbildung ist die Erhaltung der Qualifikation in der jeweiligen Verwendung.

Art, Dauer und Inhalte von Fortbildungsveranstaltungen werden länderspezifisch geregelt.

Fortbildungsveranstaltungen werden in der Feuerwehr, gemeindeübergreifend oder an Landesfeuerwehrschulen durchgeführt.

Teil II Musterausbildungspläne

1 Grundsätzliches

In diesem Teil werden die Rahmenvorgaben aus dem Teil I ausgefüllt. Die zivilschutzbezogene Ausbildung ist mit einem * besonders gekennzeichnet. Kernstück ist die Vorgabe von Lernzielen und Lernzielstufen (= *LZS*). Hierdurch werden eine gezielte Stoffauswahl, bezogen auf die künftige Verwendung oder Funktion der auszubildenden Feuerwehrangehörigen, ermöglicht und die Einheitlichkeit und Effizienz der Ausbildung gefördert.

Zur einfacheren Umsetzung dieser Feuerwehr-Dienstvorschrift hat es sich als zweckmäßig erwiesen, die in der Literatur beschriebenen Lernzielstufen zu den nachfolgenden vier zusammenzufassen.

Auch die Empfehlung von Unterrichtsmethoden trägt hierzu bei.

1.1 Lernziele

Lernziele beschreiben, welche zielgerichteten Verhaltensweisen und Leistungen Lehrgangsteilnehmer am Ende eines zeitlich begrenzten Ausbildungsabschnittes aufweisen müssen. Daraus lassen sich unter Berücksichtigung der angestrebten Funktion oder Tätigkeit die zu vermittelnden Inhalte festlegen und Ausbildungsmethoden zuordnen.

Es gilt der Grundsatz, dass die Ausbildung auf die tatsächlichen Erfordernisse des Feuerwehrdienstes abzustimmen, anschaulich und praxisbezogen durchzuführen und von für das Lernziel unwichtigem Beiwerk freizuhalten ist!

Lernziele lassen sich unterscheiden in:
- **Ausbildungsziel** = Gesamtlernziel einer Aus- oder Fortbildungsveranstaltung (z. B. eines Lehrgangs)
- **Groblernziele** = Lernziele von Ausbildungseinheiten
- **Feinlernziele** = Lernziele einzelner Unterrichts- bzw. Ausbildungsabschnitte (Themenbereiche)

In den nachfolgenden Musterausbildungsplänen sind Lernziele nur bis zur Ebene der Groblernziele beschrieben. Die weitere Differenzierung muss unter konsequenter Beachtung vorgenannter Grundsätze hierauf ausgerichtet werden, wobei auch die Angabe der Lernzielstufen zu berücksichtigen ist.

Lernziele werden weiterhin eingeteilt in:
- **Lernziele im Erkenntnisbereich**
  Fragestellung: *Was sollen die Teilnehmer wissen, verstehen, anwenden und beurteilen können?*
- **Lernziele im Handlungsbereich**
  Fragestellung: *Welche praktischen Fertigkeiten sollen Teilnehmer erlangen, wie sollen sie handeln oder sich verhalten?*
- **Lernziele im Gefühls-/Wertebereich**
  Fragestellung: *Welche Einstellungen sollen die Teilnehmer erlangen?*

1.2 Lernzielstufen

1.2.1 Lernzielstufen im Erkenntnisbereich

Innerhalb vorgenannter Lernziel*bereiche* lassen sich jeweils **4 Lernziel**stufen wie folgt unterscheiden:
Lernzielstufe 1 [LZS 1]: **Wissen**, im Sinne von *„nennen können"*
Lernzielstufe 2 [LZS 2]: **Verstehen**, im Sinne von *„mit eigenen Worten beschreiben bzw. erklären können"*

Lernzielstufe 3 [LZS 3]: **Anwenden,** im Sinne von *„das einmal Verstandene auf ähnliche Situationen übertragen können"*

Lernzielstufe 4 [LZS 4] **Bewerten,** im Sinne von *„über neue Situationen den Wert von Material, Methoden und Verfahren für bestimmte Situationen beurteilen können*

Zum Erreichen der jeweiligen Lernzielstufen sind nachfolgend genannte **Unterrichtsmethoden** erforderlich:

LZS:	Ziel:	Unterrichtsmethode:	Formulierungen:
LZS 1	*Wissen*	mindestens Lehrvortrag, bei ausreichender Zeitvorgabe auch Unterrichtsgespräch	• muss nennen können • muss wiedergeben können
LZS 2	*Verstehen*	Unterrichtsgespräch Gruppen- und Partnerarbeit	• muss erklären können • muss beschreiben können
LZS 3	*Anwenden*	Gruppenarbeit, Partnerarbeit, Planübung, Rollenspiel, Lehrübung,	• muss Gelerntes auf ähnliche Situationen übertragen und anwenden können
LZS 4	*Bewerten*	Gruppenarbeit, Planübung, Rollenspiel, Projektarbeit, Lehrprobe	• muss Gelerntes beurteilen können • muss Maßnahmen ableiten können

1.2.2 Lernzielstufen im Handlungs-/Verhaltensbereich

Wird durch die Ausbildung ein Lernziel im Bereich des Handelns und Verhaltens angestrebt, unterscheidet man ebenfalls **4 Lernzielstufen**:

Lernzielstufe 1 [LZS 1]: **Nachmachen**, im Sinne von *„Tätigkeiten, die durch den Ausbilder vorgemacht werden, Handgriff für Handgriff nachmachen zu können"* (Es kann aber niemals Zweck einer Feuerwehrausbildung sein, dass der Lehrgangsteilnehmer Tätigkeiten lediglich nachmachen kann!)

Lernzielstufe 2 [LZS 2]: **Selbstständiges Handeln**, im Sinne von *„in der Lage sein, Tätigkeiten selbstständig auszuführen"*

Lernzielstufe 3 [LZS 3]: **Präzision**, im Sinne von, *„befähigt sein, Tätigkeiten nicht nur selbstständig und richtig, sondern darüber hinaus zügig und exakt ausführen zu können"*

Lernzielstufe 4 [LZS 4]: **Automatisierung des Handelns**, im Sinne von *„Tätigkeiten in jeder Situation schnell, fehlerfrei und absolut sicher ausführen können"*

Zum Erreichen der jeweiligen Lernzielstufen sind nachfolgend genannte **Ausbildungsmethoden** erforderlich:

LZS:	Ziel:	Unterrichtsmethode:	Formulierungen:
LZS 1	*Nachmachen*	Praktische Unterweisung (PU Stufe 1+2*)	muss Handlungen nachmachen können
LZS 2	*Selbstständiges Handeln*	Praktische Unterweisung (PU Stufe 3*), Stationsarbeit	muss gesamt Handlungsabläufe ohne Anweisungen durchführen oder anwenden können

LZS:	Ziel:	Unterrichtsmethode:	Formulierungen:
LZS 3	*Präzision*	Praktische Unterweisung (PU Stufe 4*), Stationsarbeit	muss fachlich richtig und selbstständig gesamte Handlungsabläufe durchführen und erklären können
LZS 4	*Automatisierung des Handelns*	Praktische Unterweisung (PU Stufe 4*), Stationsarbeit, Einsatzübungen, Planübungen	muss Handlungsabläufe in jeder Situation beherrschen

* Stufen der praktischen Unterweisung siehe Ziffer 1.3.8

1.2.3 Lernzielstufen im Gefühls-/Wertebereich

Die Aus- und Fortbildung in der Feuerwehr muss geprägt sein von der Achtung und Wertschätzung des Lebens, der Umwelt und von Sachwerten, dem vorbildhaften Verhalten und Auftreten insbesondere in Verbindung mit der Wahrnehmung hoheitlicher Aufgaben, der gegenseitigen Rücksichtnahme, der Pflege der Gemeinschaft und dem verantwortungsvollen Umgang mit den anvertrauten Fahrzeugen und Geräten.

Lernziele des Gefühls-/Wertebereichs sind nicht speziell aufgeführt, da die innere Einstellung und Wertevorstellungen von Teilnehmern nicht an einzelne Ausbildungseinheiten geknüpft werden können. Sie haben nur in ihrer Gesamtheit Auswirkungen auf die Teilnehmer und sind daher Bestandteil jeder Ausbildung.

1.3 Formen der Unterrichtsorganisation und Unterrichtsmethoden

1.3.1 Lehrvortrag

Ein Lehrvortrag ist eine geplante, in sich abgeschlossene, mündliche Darstellung von Einzelfakten, Informationen, Zusammenhängen oder Problemdarstellungen durch einen Ausbilder. Hierbei ist eine Unterstützung durch geeignete Medien sinnvoll. Die Wirkung eines Lehrvortrages ist von der Anzahl der Zuhörerschaft unabhängig. Sie wird lediglich durch den organisatorischen Rahmen und die Räumlichkeiten bestimmt.

Auf Grund der großen Menge an Informationen, die innerhalb eines Lehrvortrages in kurzer Zeit vorgestellt wird und der damit verbundenen hohen Belastung der Zuhörenden, kann im Zusammenhang mit dem Lehrvortrag lediglich von einer Darbietung beziehungsweise Vorstellung von Informationen gesprochen werden. Soll es dabei nicht bleiben, so muss zur weiteren Vertiefung und Festigung des Lehrstoffes jeder Lehrvortrag im weiteren Verlauf einer Ausbildungsmaßnahme durch die Möglichkeit einer intensiveren Auseinandersetzung mit den dargestellten Inhalten ergänzt werden.

1.3.2 Unterrichtsgespräch

Ein Unterrichtsgespräch ist eine geplante, von Medien begleitete Form des Unterrichts, bei der der Ausbilder durch gezielte Frage- und Aufgabenstellungen den am Unterricht Teilnehmenden die Möglichkeit eröffnet, zu eigenen Erkenntnissen und Einsichten zu gelangen.

Der Erfolg eines Unterrichtsgesprächs hängt maßgeblich von der Gesprächsführung der Ausbilder und dem organisatorischen Rahmen, insbesondere von der Anzahl (höchstens 24) der am Unterricht Teilnehmenden ab.

1.3.3 Partner-, Gruppen- und Stationsarbeit

Unter Partner- beziehungsweise Gruppenarbeit versteht man eine Unterrichtssituation, in der der Ausbilder die Rolle eines Moderators übernimmt. Die am Unterricht Teilnehmenden bearbeiten selbstständig zu zweit (Partnerarbeit) oder in kleinen Gruppen (drei bis maximal acht Gruppenmitglieder) die gestellten Aufgaben unter Zuhilfenahme von bereitgestellten Arbeitsunterlagen (Partner- und Gruppenarbeit) beziehungsweise Materialien und Geräten (Stationsarbeit). Hierbei ist sowohl eine arbeitsgleiche (jede Gruppe arbeitet an der gleichen Aufgabenstellung) als auch eine arbeitsteilige (unterschiedliche Aufgabenstellungen für die einzelnen Gruppen) Partner- und Gruppenarbeit beziehungsweise Stationsarbeit möglich. Wichtig bei allen Varianten dieser Unterrichtsmethoden ist das abschließende Plenum, bei dem die erarbeiteten Lösungen von den Gruppen vorgestellt und besprochen werden. Hierbei ist es sinnvoll, die Anzahl von Gruppen auf maximal vier zu beschränken.

1.3.4 Projektarbeit

Im Gegensatz zur Partner- und Gruppenarbeit, bei der innerhalb eines einzelnen Unterrichts Aufgabenstellungen selbstständig bearbeitet werden, kennzeichnet die Projektarbeit eine fächerübergreifende Aufgabenstellung, die über einen längeren Zeitraum (einen Tag oder mehrere Tage beziehungsweise Wochen), auch außerhalb des eigentlichen Unterrichts von einer Gruppe Lehrgangsteilnehmer eigenverantwortlich bearbeitet und gelöst werden muss. Die am Projekt Teilnehmenden sind in ihrer Arbeitsweise und Lösungsfindung frei. Die Ausbilder und die Einrichtungen der Ausbildungsstätte stehen den Teilnehmern am Projekt zur Verfügung, der Ausbilder greift jedoch während des Projektes nicht in die Arbeit der Gruppe ein. Ein Gesamtprojekt kann im weiteren Verlauf in mehrere kleinere Teilprojekte aufgegliedert werden. Jede Projektgruppe sollte nicht mehr als acht Teilnehmer haben.

1.3.5 Rollenspiel

Beim Rollenspiel werden Probleme oder problemhaltige Situationen von einer begrenzten Zahl an Personen in frei erfundenen Verhaltensweisen vorgetragen beziehungsweise dargestellt. Von Seiten der Ausbilder werden vor dem eigentlichen Rollenspiel sowohl die Situation als auch die Rollen (das heißt die jeweiligen Erwartungen, die an die Personen gestellt werden, die diese Rollen übernehmen) vorgegeben. Im Anschluss werden unter den am Unterricht Teilnehmenden die Rollen verteilt und an die nicht am Rollenspiel Beteiligten Beobachtungsaufträge erteilt. Während des eigentlichen Rollenspiels können Verhaltensweisen geprobt werden, die sonst nicht zum Verhaltensvorrat gehören. Das Rollenspiel dient insbesondere dazu, sowohl den Teilnehmenden als auch den Beobachtenden Erfahrungen und Verständnis für die gemeinsame Arbeit oder die Arbeit mit Dritten zu vermitteln. Nach Abschluss des Rollenspiels erfolgt die Auswertung, das heißt ein Unterrichtsgespräch über die im Rollenspiel gefundene Lösung.

Die Lehrgangsgruppe soll acht Teilnehmer je Ausbilder nicht übersteigen.

1.3.6 Planübung

Die Planübung ist eine besondere Form des Rollenspiels, bei der in der Regel nur eine Rolle (die des Einsatzleiters oder eines Einsatzabschnittsleiters) vergeben wird. Bei der Planübung wird einem oder mehreren am Unterricht Teilnehmenden ein vorher festgelegter praxisbezogener Fall vorgelegt, der ein Entscheidungsproblem enthält. Dieses Problem wird allein oder in gemeinsamer Arbeit analysiert und gelöst. Voraussetzung für eine erfolgreiche Planübung ist eine möglichst realistische Falldarstellung aus der Sicht derjenigen, die die Rolle der Entscheidungsträger übernehmen. Die Lehrgangsgruppe soll acht Teilnehmer je Ausbilder nicht übersteigen.

1.3.7 Lehrübung/Lehrprobe

In der Lehrübung werden Lehranfänger gezielt in überschaubare unterrichtspraktische Situationen gestellt. Ziel einer Lehrübung muss sein, den Lehranfänger Aktions- und Interaktionszusammenhänge ihrer eigenen Unterrichtsplanung und -durchführung erfahrbar zu machen. Im Anschluss an die Lehrübung sollen gemeinsam Alternativen und Varianten für die zukünftige Lehrtätigkeit erarbeitet und trainiert werden. Die Lehranfänger bereiten sich auf die Lehrübung schriftlich vor. Zur Auswertung einer Lehrübung können neben den eigenen Reflexionen auch Beiträge von anderen, während der Lehrprobe anwesenden, Lehranfängern und Lehrkräften herangezogen werden. Darüber hinaus müssen die angefertigten Verlaufspläne Grundlage der Auseinandersetzung mit den gemachten Erfahrungen während einer Lehrübung sein. Videomitschnitte der Lehrübung unterstützen die Diskussion und die Selbstkritik. Der Zeitrahmen einer Lehrübung sollte etwa 20 Minuten betragen. Zu lange Lehrübungen beinhalten die Gefahr, dass die unterrichtspraktische Situation in ihrer Gesamtheit insbesondere bei der Nachbesprechung zu unübersichtlich wird. Kürzere Lehrübungen ermöglichen in der Regel nur die Anwendung von ausbilderzentrierten Methoden und schränken ebenso den Einsatz von Medien unzulässig ein. Zum Ende der Ausbildung wird der Teilnehmer bei einer Lehrprobe beurteilt.

Die Lehrgangsgruppe soll acht Teilnehmer je Ausbilder nicht übersteigen.

1.3.8 Praktische Unterweisung

Die im Bereich der Erwachsenenbildung am häufigsten angewandte Methode bei der Vermittlung praktischer Unterrichtsinhalte ist die praktische Unterweisung. In der Literatur sind hierzu eine Reihe von Varianten zu finden. Sie lassen sich jedoch alle grundsätzlich auf vier (mehr oder weniger deutlich voneinander abgrenzbare) Stufen zurückführen: 1. Stufe: Motivation, Orientierung; 2. Stufe: Vormachen (lassen); 3. Stufe: Nachmachen; 4. Stufe: Üben (bis hin zum Üben von Techniken unter erschwerten Praxisbedingungen). Wichtige Voraussetzungen für den Erfolg dieser Methode sind möglichst kleine Gruppen, keine Vermittlung unnötigen Beiwerks und die Rolle des Ausbilders als *Vermittler* zwischen den am Unterricht Teilnehmenden und dem Unterrichtsinhalt.

Die Lehrgangsgruppe soll acht Teilnehmer je Ausbilder nicht übersteigen.

1.3.9 Einsatzübung

In Einsatzübungen sollen von den Teilnehmern die erlernten Techniken unter möglichst realistischen Bedingungen eingesetzt werden. Hierbei gilt es, den am Unterricht Teilnehmenden die Möglichkeit zu eröffnen, ihre (vermeintlich) bereits beherrschten Einzeltechniken im Zusammenspiel mit anderen umzusetzen. Dabei stehen weniger die mit Hilfe der praktischen Unterweisung erworbenen Einzeltechniken im Vordergrund als die gemeinsame Arbeit am Problem und die Wahrnehmung von festgelegten unterschiedlichen Funktionen, die erst in ihrer Gesamtheit den Einsatzerfolg ermöglichen.

2 Truppausbildung

2.1 Truppmannausbildung

2.1.1 Truppmannausbildung Teil 1 (Grundausbildungslehrgang)

Ziel der Ausbildung ist die Befähigung zur Übernahme von grundlegenden Tätigkeiten im Lösch- und Hilfeleistungseinsatz in Truppmannfunktion unter Anleitung.

Ausbildungseinheit	Zeit	Groblernziele Die Teilnehmer müssen	Inhalte	LZS	empfohlene Methode
Lehrgangsorganisation	2	über Ablauf und Zielsetzung des Lehrgangs informiert werden und am Lehrgangsende Gelegenheit zur Kritik erhalten	• Organisatorisches • Stundenplan • Lernziele • Abschlussgespräch	1	Unterrichtsgespräch
Rechtsgrundlagen	2+1*	• die grundlegenden gesetzlichen Regelungen des Brandschutzes, des Zivilschutzes und der Katastrophenhilfe soweit diese für ihre Funktion als Truppmann auf Gemeindeebene erforderlich sind • die wichtigsten Bestimmungen des Straßenverkehrsrechts wiedergeben oder erklären können	• Aufgaben der Feuerwehr • Träger der Feuerwehr • Arten der Feuerwehr • Funktionsträger • Verpflichtung • Rechte und Pflichten • Pflichten der Bevölkerung • §§ 35 und 38 StVO • Übersicht Aufgabenbereiche und Zielsetzungen des Zivilschutzes und der Katastrophenhilfe	1 1 1 2 1 2 1 1 1	Lehrvortrag/ Unterrichtsgespräch

Ausbildungseinheit	Zeit	Groblernziele Die Teilnehmer müssen	Inhalte	LZS	empfohlene Methode
			• Mitwirkung als Helfer im Rahmen der Einheiten oder Einrichtungen gemäß bundesgesetzlicher Regelungen zum Zivilschutz und zur Katastrophenhilfe	1	
Brennen und Löschen	2	die Zusammenhänge zwischen den Verbrennungsvoraussetzungen und den Löschwirkungen der Löschmittel in Grundzügen erklären können	• Verbrennungsvoraussetzungen • Verbrennungsvorgang (Oxidation) • Verbrennungsprodukte (Atemgifte) • Brandklassen • Hauptlöschwirkungen (Kühlen, Ersticken) • Löschmittel	2	Unterrichtsgespräch (Versuche!)
Fahrzeugkunde	2	wissen, wie und nach welchen Kriterien Feuerwehrfahrzeuge eingeteilt werden und die wichtigsten Löschfahrzeugarten sowie die Hauptbestandteile der Beladung wiedergeben können	• Grundlagen der Feuerwehrfahrzeugnormung • Einteilung der Feuerwehrfahrzeuge • Begriffsbestimmungen • Erkennungsmerkmale • Beladung	1	Lehrvortrag/ Unterrichtsgespräch/ Praktische Unterweisung

2 Truppausbildung

Ausbildungseinheit	Zeit	Groblernziele Die Teilnehmer müssen	Inhalte	LZS	empfohlene Methode
Gerätekunde: Persönliche Ausrüstung	1	wiedergeben können, welche Teile der persönlichen Ausrüstung für Grundtätigkeiten im Bereich der Brandbekämpfung und Technischen Hilfeleistung jeweils erforderlich sind, welche Schutzwirkung diese Ausrüstungsteile haben und erklären können, worauf beim Anlegen und Tragen besonders zu achten ist	• Mindestausrüstung • ergänzende Ausrüstung • Anlegen der Ausrüstung	1 1 2	Lehrvortrag/ Unterrichtsgespräch/ Praktische Unterweisung
Gerätekunde: Löschgeräte, Schläuche, Armaturen	4	Löschgeräte, Schläuche und Armaturen richtig benennen, deren Verwendungszwecke wiedergeben und diese selbstständig handhaben können	• Übersicht • Begriffsbestimmungen • Handhabung	1 1 2	Lehrvortrag/Unterrichtsgespräch/ Praktische Unterweisung
Gerätekunde: Rettungsgeräte	4	die auf Löschfahrzeugen mitgeführten Rettungsgeräte richtig benennen und selbstständig handhaben können	• FwDV 10 • Tragbare Leitern • Feuerwehrleinen • Sprungrettungsgeräte • Gerätesatz Absturzsicherung • Handhabung • Knoten und Stiche	1 1 1 1 1 2 2	Lehrvortrag/Unterrichtsgespräch/ Praktische Unterweisung

Teil II Musterausbildungspläne

Ausbildungseinheit	Zeit	Groblernziele Die Teilnehmer müssen	Inhalte	LZS	empfohlene Methode
Gerätekunde: Geräte für die einfache Technische Hilfeleistung	2	die auf Löschfahrzeugen für die Technische Hilfeleistung mitgeführten Geräte richtig benennen und selbstständig handhaben können	• Gerät zum Anheben und Bewegen von Lasten • Trenngerät • Handhabung	1 1 2	Lehrvortrag/Unterrichtsgespräch/Praktische Unterweisung
Gerätekunde: Sonstige Geräte	2	die auf Löschfahrzeugen mitgeführten sonstigen Geräte richtig benennen und selbstständig handhaben können	• Verkehrssicherungsgerät • Beleuchtungsgerät • Handhabung	1 1 2	Lehrvortrag/Unterrichtsgespräch/Praktische Unterweisung
Rettung	4+1*	Grundtätigkeiten zur Befreiung von Personen aus lebensbedrohenden Zwangslagen und beim In-Sicherheit-Bringen von Personen – auch im Zivilschutz und bei der Katastrophenhilfe – selbstständig durchführen können	• Einsatz von Rettungsgeräten	2	Einsatzübungen
Lebensrettende Sofortmaßnahmen (Erste-Hilfe)	16	Lebensrettende Sofortmaßnahmen im Rahmen der Ersten-Hilfe selbstständig leisten können *Diese Ausbildung soll unter Berücksichtigung feuerwehrspezifischer Belange auch von Rettungsdienstorganisationen durchgeführt werden!*	• Überprüfung der Vitalfunktionen • Reanimation • Transport und Lagerung von Verletzten • Erstversorgung von Verletzungen	2 2 2 2	Unterrichtsgespräch/Praktische Unterweisung

2 Truppausbildung

Ausbildungseinheit	Zeit	Groblernziele Die Teilnehmer müssen	Inhalte	LZS	empfohlene Methode
Löscheinsatz	16	die Aufgabenteilung innerhalb einer Gruppe/ Staffel beim Löscheinsatz erklären und alle Grundtätigkeiten der Trupps und des Melders auf Befehl/Kommando selbstständig ausführen können	Aufgabenverteilung innerhalb der Staffel und der Gruppe beim Löscheinsatz	2	Unterrichtsgespräch/ Einsatzübungen
Technische Hilfeleistung	5	die Aufgabenteilung innerhalb einer Gruppe/ Staffel beim Technischen Hilfeleistungseinsatz erklären und alle Grundtätigkeiten der Trupps und des Melders auf Befehl selbstständig ausführen können	Aufgabenverteilung innerhalb der Staffel und der Gruppe beim Technische Hilfeleistungseinsatz	2	Unterrichtsgespräch/ Einsatzübungen
Verhalten bei Gefahr	3+1*	die Gefahren der Einsatzstellen wiedergeben können und sich an Einsatzstellen unter Beachtung der bestehenden oder vermuteten Gefahren richtig verhalten können	• allgemeine Gefahren im Einsatz	2	Lehrvortrag/ Unterrichtsgespräch
			• Gefahren der Einsatzstelle einschließlich besonderer Gefahren im Zivilschutz und in der Katastrophenhilfe	2	
			• Einsatzgrundsätze	2	
			• richtiges Verhalten	2	

Ausbildungseinheit	Zeit	Groblernziele Die Teilnehmer müssen	Inhalte	LZS	empfohlene Methode
Unfallversicherung	1	den Umfang des Unfallversicherungsschutzes für Feuerwehrangehörige und die Voraussetzungen hierfür wiedergeben können und erklären können, wie sie sich bei Schadenseintritt verhalten müssen	• Grundlagen des Unfallversicherungsschutzes (SGB) • Voraussetzungen für Unfallversicherungsschutz • Umfang des Versicherungsschutzes • Verhalten im Schadensfall	1 2 2 2	Lehrvortrag/ Unterrichtsgespräch
Leistungsnachweis	1	den Lernerfolg nachweisen	gesamter Lehrstoff		
Gesamtstundenzahl:	70	einschließlich 3 Stunden zivilschutzbezogene Ausbildung			

2.1.2 Truppmannausbildung Teil 2

Ziel der Truppmannausbildung Teil 2 ist der Einsatz im Lösch- und Hilfeleistungseinsatz in Truppmannfunktion sowie die Vermittlung standortbezogener Kenntnisse.

Ausbildungseinheit	Zeit	Groblernziele Die Teilnehmer müssen	Inhalte	LZS	empfohlene Methode
Rechtsgrundlagen	3	die wesentlichen standortbezogenen Vorschriften und Regelungen über die Organisation der Feuerwehr und den Dienstbetrieb wiedergeben können	• örtliche Regelungen der Feuerwehr • Funktionsträger • Geschäftsverteilung • Rechte/Pflichten der Feuerwehrangehörigen	1 1 1 2	Lehrvortrag/ Unterrichtsgespräch/ Gruppenarbeit

Ausbildungseinheit	Zeit	Groblernziele Die Teilnehmer müssen	Inhalte	LZS	empfohlene Methode
Grundlagen des Zivil- und Katastrophenschutzes*	1*	• die Einheiten und Einrichtungen des Katastrophenschutzes • die Ergänzungen des Zivilschutzes und der Katastrophenhilfe durch den Bund wiedergeben können	• Aufgabenbereiche, Organisationen und Einrichtungen des Zivilschutzes und der Katastrophenhilfe	1	Lehrvortrag/ Unterrichtsgespräch
ABC-Gefahrstoffe	4	die in der Truppmannausbildung Teil 1 in der Ausbildungseinheit „Gefahren der Einsatzstelle" erworbenen Kenntnisse einsatzpraxisbezogen vertiefen und selbstständig anwenden können	• Gefahren • Kennzeichnungen • Verhalten im Einsatz	2	Unterrichtsgespräch/ Einsatzübungen/ Objektbegehung
Besondere Gefahren im Zivilschutz, Kampfmittel*	8*	• die besonderen Gefahren und Schäden im Zivilschutz wiedergeben, Schutzmaßnahmen durchführen und die ABC (CBRN)-Schutz- und Selbsthilfeausstattung sachgerecht anwenden können und • Grundsätze der Hygiene bei Einsätzen wiedergeben und danach handeln können	• Wirkung von ABC (CBRN)-Stoffen und daraus resultierende Schutzmaßnahmen für die Einsatzkräfte im Zivilschutz und in der Katastrophenhilfe • Einsatzstellenhygiene • Möglichkeiten der behelfsmäßigen Dekontamination von Personen und Geräten	2	Lehrvortrag/Unterrichtsgespräch/ Praktische Unterweisung

Ausbildungs-einheit	Zeit	Groblernziele Die Teilnehmer müssen	Inhalte	LZS	empfohlene Methode
Sonderfahrzeuge	3+2*	eine Fahrzeugeinweisung für in der jeweiligen Gemeinde vorgehaltene Sonderfahrzeuge sowie Fahrzeuge der ergänzenden Ausstattung des Zivilschutzes und der Katastrophenhilfe erhalten		2	Praktische Unterweisung/Einsatzübungen
Rettung	12	die in der Truppmannausbildung Teil 1 erworbenen Fertigkeiten selbstständig und fachlich richtig anwenden können	• Einsatzübungen Menschenrettung • Selbstretten • Sichern gegen Absturz	3	Praktische Unterweisung/Einsatzübungen
Löscheinsatz	18 +2*	die in der Truppmannausbildung Teil 1 erworbenen Fertigkeiten – auch im Zivilschutz und in der Katastrophenhilfe – selbstständig und fachlich richtig anwenden können	• Grundtätigkeiten nach FwDV 1 und 3	3	Praktische Unterweisung/Einsatzübungen
Technische Hilfeleistung	10 +2*	die in der Truppmannausbildung Teil 1 erworbenen Fertigkeiten – auch im Zivilschutz und in der Katastrophenhilfe – selbstständig und fachlich richtig anwenden können	• Grundtätigkeiten nach FwDV 1 und 3	3	Praktische Unterweisung/Einsatzübungen
Lebensrettende Sofortmaßnahmen (Erste Hilfe)	4	die in der Ersthelferausbildung erworbenen Kenntnisse fachlich richtig und selbstständig anwenden können	Sofortmaßnahmen	3	Praktische Unterweisung

2 Truppausbildung

Ausbildungseinheit	Zeit	Groblernziele Die Teilnehmer müssen	Inhalte	LZS	empfohlene Methode
Physische und psychische Belastung*	3*	die Besonderheiten der physischen und psychischen Belastung für Einsatzkräfte und Betroffene wiedergeben können und entsprechend handeln können	• physische Belastungsfaktoren • psychische Belastungsfaktoren	2 2	Unterrichtsgespräch
Wasserförderung*	2*	bei der Wasserförderung über lange Wegstrecken in Truppmannfunktion selbstständig mitwirken können	Besonderheiten beim Aufbau von Wasserförderstrecken u. a. Schlauchüberführungen	2	Einsatzübungen
Objektkunde	5	Besonderheiten von gefährdeten oder gefährlichen Objekten im Ausrückebereich wiedergeben und sich ihrer Funktion entsprechend verhalten können	Begehung von: • Industrie-, Gewerbebetrieben • Versammlungsstätten • Geschäfts- und Warenhäusern • Objekte mit besonderen Einsatzerschwernissen unter feuerwehrtechnischen und -taktischen Gesichtspunkten sowie einer Brandsicherheitswache	2	Objektbegehungen/Einsatzübungen am Objekt
Leistungsnachweis	1	den Lernerfolg nachweisen	gesamter Lehrstoff		
Gesamtstundenzahl:	80	einschließlich 20 Stunden zivilschutzbezogene Ausbildung			

2.2 Lehrgang „Truppführer"

Ziel der Ausbildung ist die Befähigung zum Führen eines Trupps nach Auftrag innerhalb der Gruppe oder Staffel.

Ausbildungseinheit	Zeit	Groblernziele Die Teilnehmer müssen	Inhalte	LZS	empfohlene Methode
Lehrgangsorganisation	2	über Ablauf und Zielsetzung des Lehrgangs informiert werden und am Lehrgangsende Gelegenheit zur Kritik erhalten	• Organisatorisches • Stundenplan • Lernziele • Abschlussgespräch	1	Unterrichtsgespräch
Rechtsgrundlagen	2	die wesentlichen Regelungen zur Organisation des Brandschutzes auf übergemeindlicher Ebene und die grundlegenden Laufbahnregelungen im Bereich der Feuerwehr wiedergeben können	• Gliederung und Ausstattung der Feuerwehren • Aufgaben/Aufgabenverteilung auf Gemeinde-, Kreis- und Landesebene • Dienstgrad-/ Laufbahnverordnungen	1	Unterrichtsgespräch
Brennen und Löschen	3	die Haupt- und Nebenlöschwirkungen der Löschmittel Wasser, Schaum, Pulver und CO_2 und die jeweiligen Löschregeln erklären können	• Löschmitteleigenschaften • Löschwirkungen • Richtiger Einsatz von Löschmitteln	2	Unterrichtsgespräch/ Praktische Unterweisungen

2 Truppausbildung

Ausbildungseinheit	Zeit	Groblernziele Die Teilnehmer müssen	Inhalte	LZS	empfohlene Methode
Fahrzeugkunde	2	• die Typeinteilung, Einsatzmöglichkeiten und die Beladung von Hubrettungsfahrzeugen (DL/DLK), Rüstwagen und Schlauchwagen wiedergeben können • die sonstigen Feuerwehrfahrzeuge nach den allgem. Regeln der Technik wiedergeben können	• Einteilung der Feuerwehrfahrzeuge (Übersicht) • Einsatzbereiche • wesentliche feuerwehrtechnische Beladung	1 1 1	Unterrichtsgespräch/ Praktische Unterweisungen
Verhalten bei Gefahren	5	erklären können, welche Gefahren an Einsatzstellen auftreten können und Möglichkeiten der Gefahrenabwehr oder Gefahrenbegrenzung auf Truppführerebene anwenden können	• Allgemeine Gefahren der Einsatzstelle • Aufgaben und Verantwortung des Truppführers	2 3	Unterrichtsgespräch

Löscheinsatz	10	Einsatzbefehle im Löscheinsatz bei unterschiedlichen Einsatzobjekten und Einsatzlagen in Truppführerfunktion selbstständig und fachlich richtig ausführen können	• Taktische Vorgehensweisen
			  – Angriff
			  – Verteidigung
			  – Sicherung
			• Gebäudebrände
			• Fahrzeugbrände
			• Flüssigkeitsbrände
			• Wasserförderung
			• Aufgabenverteilung in der Staffel und Gruppe
				2	Einsatzübungen

Teil II Musterausbildungspläne

Ausbildungseinheit	Zeit	Groblernziele Die Teilnehmer müssen	Inhalte	LZS	empfohlene Methode
Technische Hilfeleistung	7	Einsatzbefehle im Technische Hilfeleistungseinsatz bei unterschiedlichen Einsatzobjekten und Einsatzlagen in Truppführerfunktion selbstständig und fachlich richtig ausführen können	• Begriffsdefinitionen • Besonderheiten des TH-Einsatzes • Einsatzgrundsätze • Aufgabenverteilung in der Staffel und Gruppe	2	Unterrichtsgespräch/ Einsatzübungen
ABC-Gefahrstoffe	2	wiedergeben können, welche grundlegenden Gefährdungen sich aus entsprechenden Kennzeichnungen ableiten lassen und wie sich vorgehende Trupps beim Erkennen solcher Gefahren verhalten sollen	• Kennzeichnungen im Transportbereich • Kennzeichnungen im ortsfesten Bereich • Maßnahmengruppen • Gefahrstoffeigenschaften (Grundlagen!) • Besonderheiten des ABC – Einsatzes und Verhalten im Einsatz	2 2 1 1 2	Unterrichtsgespräch
Brandsicherheitswachdienst	1	die allgemeinen Aufgaben und Zuständigkeiten der Sicherheitsposten beim Brandsicherheitswachdienst erklären können	• Dienstablauf • Aufgaben, Zuständigkeiten	2	Unterrichtsgespräch
Leistungsnachweis	1	den Lernerfolg nachweisen	gesamter Lehrstoff		
Gesamtstundenzahl:	35				

3 Technische Ausbildung

3.1 Lehrgang „Sprechfunker"

Ziel der Ausbildung ist die Befähigung zum Übermitteln von Nachrichten mit Sprechfunkgeräten im Feuerwehrdienst.

Ausbildungseinheit	Zeit	Groblernziele Die Teilnehmer müssen	Inhalte	LZS	empfohlene Methode
Lehrgangsorganisation	2	über Ablauf und Zielsetzung des Lehrgangs informiert werden und am Lehrgangsende Gelegenheit zur Kritik erhalten	• Organisatorisches • Stundenplan • Lernziele • Abschlussgespräch	1	Unterrichtsgespräch
Rechtliche Grundlagen	1	die für sie bedeutsamen Regelungen aus den gesetzlichen Bestimmungen über den BOS-Sprechfunk wiedergeben oder erklären können	• Zuständigkeiten • Voraussetzungen zur Teilnahme am BOS-Sprechfunk • Vorrangstufen • Funkverkehrskreis • Funkrufnahmensystematik • Verschwiegenheitsverpflichtung	1 1 2 2 2 2	Lehrvortrag/ Unterrichtsgespräch
Physikalisch-technische Grundlagen	2	die anwendungsbezogenen physikalisch technischen Grundlagen des BOS-Sprechfunks erklären können	• Ausbreitungseigenschaften von Funkwellen • Reichweiten • Bandbereiche • Betriebskanäle • Verkehrsarten/Verkehrsformen • Relaisbetrieb • Gleichwellenfunk	2	Unterrichtsgespräch

48 Teil II Musterausbildungspläne

Ausbildungseinheit	Zeit	Groblernziele Die Teilnehmer müssen	Inhalte	LZS	empfohlene Methode
Sprechfunkbetrieb	9	Funkgespräche selbstständig und den Vorschriften entsprechend führen können	• Verkehrsabwicklung • Verwendung von Betriebsunterlagen • Handhabung der Geräte	2	Einsatzübungen
Kartenkunde	1	die bei der Feuerwehr verwendeten Karten selbstständig einsetzen können	• Koordinatensystem (UTM/WGS) • Ortsbestimmungen • Ortsangaben • Übermittlung von Koordinaten	2	Praktische Unterweisungen
Leistungsnachweis	1	den Lernerfolg nachweisen	gesamter Lehrstoff		
Gesamtstundenzahl:	16				

3.2 Lehrgang „Atemschutzgeräteträger"

Ziel der Ausbildung ist die Befähigung zum Einsatz unter Atemschutz.

Ausbildungseinheit	Zeit	Groblernziele Die Teilnehmer müssen	Inhalte	LZS	empfohlene Methode
Lehrgangsorganisation	2	über Ablauf und Zielsetzung des Lehrgangs informiert werden und am Lehrgangsende Gelegenheit zur Kritik erhalten	• Organisatorisches • Stundenplan • Lernziele • Abschlussgespräch	1	Unterrichtsgespräch

3 Technische Ausbildung 49

Ausbildungseinheit	Zeit	Groblernziele Die Teilnehmer müssen	Inhalte	LZS	empfohlene Methode
Grundlagen der Atmung, Atemschutztauglichkeit	2	die physiologischen Auswirkungen von Atemgiften sowie des Tragens von Atemschutzgeräten und Schutzkleidung auf den menschlichen Körper erklären können	• innere und äußere Atmung • Luftverbrauch des Menschen • Atemkrisen/Atemtechnik/Totraum • Atemschutztauglichkeit, Einschränkung der Atemschutztauglichkeit • Belastungen auf den Träger durch Atemschutzgerät und (wärmeisolierende) Schutzkleidung.	2	Unterrichtsgespräch
Atemgifte	1	die Gefährdung durch Atemgifte in Abhängigkeit von deren spezifischen Eigenschaften erklären können	• Definition Atemgifte • Atemgifteigenschaften • Atemgiftgruppen	2	Unterrichtsgespräch
Atemschutzeinsatzgrundsätze	3	die besonderen Anforderungen und Verantwortlichkeiten, die an Atemschutzgeräteträger gestellt werden wiedergeben und die besonderen Einsatzgrundsätze für den Atemschutzeinsatz erklären können	• Verantwortlichkeiten des Atemschutzgeräteträgers • Atemschutzeinsatzgrundsätze • Orientierung, Absuchen und Kennzeichnen von Räumen • Verhalten in Notsituationen	2	Lehrvortrag/ Unterrichtsgespräch

Ausbildungs-einheit	Zeit	Groblernziele Die Teilnehmer müssen	Inhalte	LZS	empfohlene Methode
Atemschutzgeräteeinsatz	16	• die Schutzwirkung der Atemschutzgeräte sowie deren Aufbau, Funktion und Einsatzgrenzen erklären können • Atemschutzgeräte auch unter Einsatzbedingungen selbstständig und fachlich richtig handhaben und einsetzen können	• Atemanschlüsse • Atemfilter • Brandfluchthauben • Isoliergeräte (Pressluftatmer) • Einweisung in die Handhabung von Atemschutzgeräten • Arbeiten mit zunehmender Belastung • Arbeiten unter Einsatzbedingungen	2 2 2 2 2 3 3	Unterrichtsgespräch/ Praktische Unterweisungen/ Einsatzübungen
Leistungsnachweis	1	den Lernerfolg nachweisen	gesamter Lehrstoff		
Gesamtstundenzahl:	25				

Bemerkung: Die Vorgaben der FwDV 7 sind zu beachten.

3.3 Lehrgang „Maschinisten"

Ziel der Ausbildung ist die Befähigung zum Bedienen maschinell angetriebener Einrichtungen – mit Ausnahme von maschinellen Zugeinrichtungen – und sonstiger auf Löschfahrzeugen mitgeführten Geräte sowie die Vermittlung von Kenntnissen und richtiger Verhaltensweisen, die für die Durchführung von Einsatzfahrten unter Inanspruchnahme von Sonderrechten erforderlich sind.

3 Technische Ausbildung

Ausbildungseinheit	Zeit	Groblernziele Die Teilnehmer müssen	Inhalte	LZS	empfohlene Methode
Lehrgangsorganisation	2	über Ablauf und Zielsetzung des Lehrgangs informiert werden und am Lehrgangsende Gelegenheit zur Kritik erhalten	• Organisatorisches • Stundenplan • Lernziele • Abschlussgespräch	1	Unterrichtsgespräch
Aufgabenbereiche	2	die Aufgabenbereiche und Zuständigkeiten des Maschinisten erklären können	• Aufgaben und Zuständigkeiten im Einsatz • Sonstige Aufgaben und Zuständigkeiten	2 2	Unterrichtsgespräch
Löschfahrzeuge	1	die wesentlichen, für ihre Funktion bedeutsamen Unterschiede der Löschfahrzeuge und der feuerwehrtechnischen Beladung wiedergeben können	• allgemeine Betriebserlaubnis • zulässige Gewichte • Leistung • Antriebsart • Kraftstoffvorrat • Abmessungen • Beladung (Feuerlöschkreiselpumpe, Löschmittel, kraftbetriebene Geräte)	1	Lehrvortrag/ Unterrichtsgespräch
Feuerlöschkreiselpumpen	15	die für ihren Zuständigkeitsbereich erforderlichen technischen Grundlagen über den Aufbau und die Funktion von Feuerlöschkreiselpumpen erklären und diese richtig bedienen können	• Übersicht Pumpenarten • Einteilung der Feuerlöschkreiselpumpen • Aufbau und Funktion von Feuerlöschkreiselpumpen • Betriebszustände • Pumpenbetriebsprüfungen • Pflege und Wartung • Störungsbeseitigung • Hydranten-, Tank- und Saugbetrieb	1 1 2 2 2 2 2 2	Lehrvortrag/Unterrichtsgespräch/ Praktische Unterweisungen

Teil II Musterausbildungspläne

Ausbildungseinheit	Zeit	Groblernziele Die Teilnehmer müssen	Inhalte	LZS	empfohlene Methode

Wasserförderung	4	die für die Wasserförderung mit Feuerlöschkreiselpumpen erforderlichen technischen und physikalischen Grundlagen erklären und die Pumpen an unterschiedlichen Löschwasserentnahmestellen auch bei der Löschwasserförderung über lange Förderstrecken richtig bedienen können	• Einflussgrößen für den Pumpenausgangsdruck
			• Förderstrecken
			  – offene und
			  – geschlossene
			  – Schaltreihe
			• Störungsbeseitigung
				2
				
				2
				
				2
					Unterrichtsgespräch/ Praktische Unterweisungen

Motorenkunde	2	die für die Bedienung und Beseitigung kleinerer Betriebsstörungen erforderlichen technischen Grundlagen über Motorenarten und deren Funktionsweisen erklären können	• Motorenarten, Funktionsprinzipien • Verwendungsbereiche • Störungsbeseitigung • Pflege und Wartung	1 1 2 2	Unterrichtsgespräch/ Praktische Unterweisungen
Kraftbetriebene und sonstige Geräte	6	die für die Bedienung und Beseitigung kleinerer Betriebsstörungen erforderlichen technischen Grundlagen über kraftbetriebene und sonstige Geräte und deren Funktionsweisen erklären können	• Tragkraftspritzen • tragbare Stromerzeuger • Motorsägen • Trennschleifgeräte • Lüftungsgeräte • Tauchpumpen • Wasserstrahlpumpen, Turbotauchpumpen	2 2 2 2 2 2 2	Unterrichtsgespräch/ Praktische Unterweisungen

Ausbildungseinheit	Zeit	Groblernziele Die Teilnehmer müssen	Inhalte	LZS	empfohlene Methode
Rechtsgrundlagen	2	die Vorgaben aus dem Straßenverkehrsrecht, insbesondere hinsichtlich des Führens von Einsatzfahrzeugen, erklären und die ihren Zuständigkeitsbereich betreffenden Unfallverhütungsvorschriften wiedergeben können	• Straßenverkehrsordnung (StVO) Geltungsbereich und Grundsätze • Sonderrechte • Fahren im Verband/ Kolonnenfahrten	2 2 2	Unterrichtsgespräch
Leistungsnachweis	1	den Lernerfolg nachweisen	gesamter Lehrstoff		
Gesamtstundenzahl	35				

3.4 Lehrgang „Technische Hilfeleistung"

Ziel der Ausbildung ist die Befähigung zur verletztenorientierten Rettung, zur richtigen Handhabung der Ausrüstung und zur Bedienung der Geräte für technische Hilfeleistungen auch größeren Umfanges.

Ausbildungseinheit	Zeit	Groblernziele Die Teilnehmer müssen	Inhalte	LZS	empfohlene Methode
Lehrgangsorganisation	2	über Ablauf und Zielsetzung des Lehrgangs informiert werden und am Lehrgangsende Gelegenheit zur Kritik erhalten	• Organisatorisches • Stundenplan • Lernziele • Abschlussgespräch	1	Unterrichtsgespräch

Teil II Musterausbildungspläne

Ausbildungseinheit	Zeit	Groblernziele Die Teilnehmer müssen	Inhalte	LZS	empfohlene Methode
Aufgaben der Feuerwehr	1	die sich aus den Rechtsvorschriften für den Bereich Technische Hilfeleistung ergebende Zuständigkeiten und Aufgabenbegrenzung wiedergeben können	Umfang des gesetzlichen Einsatzauftrages (Sofort-, Folgemaßnahmen)	1	Lehrvortrag/ Unterrichtsgespräch
Physikalische Grundlagen	3	die für den zweckmäßigen Einsatz feuerwehrtechnischer Ausrüstung für die Technische Hilfeleistung notwendigen physikalischen Grundlagen erklären und diese in der Praxis richtig anwenden können	• Hebelgesetze • feste und lose Rolle • Flaschenzugprinzip • Anschlagmittel und Neigungswinkel • Reibung, Reibungsarten • Festpunkte • schiefe Ebene • physikalische Grundlagen der Hydraulik, Pneumatik	3 3 3 3 3 3 3 2	Unterrichtsgespräch/ Stationsarbeit
Hoch- und Tiefbauunfälle	2	die Besonderheiten von Technischen Hilfeleistungs-Einsätzen bei Hoch- und Tiefbauunfällen wiedergeben sowie die Einsatzmittel und –maßnahmen erklären können	• Gefahren • Einsatzmaßnahmen • Einsatzmittel	1 2 2	Unterrichtsgespräch

3 Technische Ausbildung

Ausbildungseinheit	Zeit	Groblernziele Die Teilnehmer müssen	Inhalte	LZS	empfohlene Methode
Geräte für die Technische Hilfeleistung:	24	Geräte für die Technische Hilfeleistung selbstständig und fachlich richtig einsetzen können	Inhalte gelten für alle nachfolgend genannten Geräte! • Bauteile/Zubehör/ Sicherheitseinrichtungen • Inbetriebnahme/ Sicherheitsvorkehrungen • Handhabung unter besonderer Berücksichtigung der UVV • Einsatzmöglichkeiten und -grenzen	3	Stationsarbeit
• Trenngeräte			• Motorsäge • Brennschneidgerät • Trennschleifer		Stationsarbeit
• Rettungsgeräte			• Auf- und Abseilgeräte • Gerätesatz Absturzsicherung		Stationsarbeit
• Hydraulische Rettungsgeräte			• Schneidgerät • Spreizer • Rettungszylinder		Stationsarbeit
• Mehrzweckzüge			• direkter Zug • Einsatz loser und fester Rollen • Festpunkte		Stationsarbeit
• Hebegeräte			• Hydraulische Hebezeuge • Luftheber		Stationsarbeit
• Geräte für Technische Hilfeleistungen auf oder an Gewässern			• Rettungsboot • Eisschlitten • Tauchpumpensatz		Stationsarbeit

Ausbildungseinheit	Zeit	Groblernziele Die Teilnehmer müssen	Inhalte	LZS	empfohlene Methode
• Abstützungen			• Senkrecht-, Schräg- und Horizontalabstützungen • Grabenverbau		Stationsarbeit
Verkehrssicherungs- und Beleuchtungsgerät	2	• Einsatzstellen im öffentlichen Verkehrsraum fachlich richtig und selbstständig absichern können. • Einsatzstellen selbstständig und fachlich richtig ausleuchten können.	• Verkehrssicherungs- und Beleuchtungsgerät • Stromerzeuger	3	Stationsarbeit
Leistungsnachweis	1	den Lernerfolg nachweisen	gesamter Lehrstoff		
Gesamtstundenzahl:	35				

3.5 Lehrgang „ABC-Einsatz"

Ziel der Ausbildung ist die Befähigung zur Handhabung der Sonderausrüstung einschließlich der Schutzkleidung.

3 Technische Ausbildung

Ausbildungseinheit	Zeit	Groblernziele Die Teilnehmer müssen	Inhalte	LZS	empfohlene Methode
Lehrgangsorganisation	1+1*	über Ablauf und Zielsetzung des Lehrgangs informiert werden und am Lehrgangsende Gelegenheit zur Kritik erhalten	• Organisatorisches • Stundenplan • Lernziele • Abschlussgespräch	1	Unterrichtsgespräch
Einsatzlehre	2*	die Möglichkeiten der ABC-Gefahrenabwehr und das Zusammenwirken der verschiedenen taktischen Einheiten im ABC-Einsatz beschreiben können	• Aufgaben und Einsatzmöglichkeiten der ABC-Fahrzeuge • Aufgabenbereiche und Grundsätze der Zusammenarbeit der taktischen ABC-Einheiten sowie der Einheiten des Zivilschutzes und der Katastrophenhilfe bei unterschiedlichen Gefahrenlagen	2	Unterrichtsgespräch
Kennzeichnung von ABC-Gefahrstoffen	4	die Einteilung von ABC-Gefahrstoffen wiedergeben und Gefahrstoff-, Gefahrgut- und sonstige Kennzeichnungen erkennen und eindeutig beschreiben können	Kennzeichnung von ABC-Gefahrstoffen, Gefahrenbereichen und Objekten sowie Transporten	2	Unterrichtsgespräch
Stoffbezogene Gefahren und Schutzmaßnahmen	8*	wesentliche, gefahrstoffspezifische Wirkungen, Eigenschutzmaßnahmen und Soforthilfemaßnahmen bei Schadstoffeinwirkung erklären und selbstständig notfallmäßige Dekontaminationsmaßnahmen durchführen können	• Gefahrstoffklassen, spezifische Gefahren und Eigenschutzmaßnahmen • Einteilung von ABC-Gefahrstoffen in Maßnahmengruppen • Erste Hilfe Maßnahmen	2	Unterrichtsgespräch

58 Teil II Musterausbildungspläne

Ausbildungseinheit	Zeit	Groblernziele Die Teilnehmer müssen	Inhalte	LZS	empfohlene Methode
Informationsmöglichkeiten	2*	für den Einsatz wichtige Informationsquellen nennen und diesen die erforderlichen Informationen gezielt entnehmen können	Quellen für • Kurzinformationen und • Detailinformationen	2	Unterrichtsgespräch/ Praktische Unterweisungen

Einsatzablauf	4*	die Grundzüge des Einsatzablaufes im ABC-Einsatz gemäß FwDV 500 erklären können	• Aufgabenverteilung
			• Allgemeine Maßnahmen
			  – Lagefeststellung
			  – Absperr- und Sicherungsmaßnahmen
			• Besondere Maßnahmen zur
			  – Rettung und
			  – Begrenzung/Beseitigung der stoffspezifischen Gefahren
			• Dekontamination
			• Abschließende Maßnahmen
				2	Unterrichtsgespräch

Messgeräte	5+3*	ABC-Mess- und Nachweisgeräte der Feuerwehr selbstständig und fachlich richtig bedienen und einsetzen können	• Probenahme von Stoffen • Indikatorpapier, Wassernachweispaste • Prüfröhrchen und Handpumpen • ABC-Mess- und Warngeräte • Anemometer, Kompass • Messtaktik und Dokumentation	2 3 3 3 3 3	Praktische Unterweisungen

3 Technische Ausbildung

Ausbildungseinheit	Zeit	Groblernziele Die Teilnehmer müssen	Inhalte	LZS	empfohlene Methode
Schutzkleidung	5*	die Einsatzmöglichkeiten und Einsatzgrenzen unterschiedlicher ABC-Schutzkleidung -auch der ergänzenden Ausstattung des Bundes- erklären und einfache Tätigkeiten unter ABC-Schutzkleidung selbstständig und fachlich richtig ausführen können	• Übersicht ABC-Schutzkleidung – Schutzwirkung – Schutzgrenzen – Einsatzmöglichkeiten • An- und Ablegen der Schutzkleidung • Einfache Dekontamination	2 3 3	Praktische Unterweisungen
Arbeitsgeräte	10	Arbeitsgeräte der ABC-Sonderausrüstung entsprechend ihrem Verwendungszweck selbstständig und fachlich richtig einsetzen können	• Absperrgerät • Auffanggeräte und -behälter • Abdichtmaterialien • Pumpen und Schläuche • pneumatische Geräte u. a. • Umverpacken/Zwischenlagern gefährlicher Stoffe	3	Stationsarbeit/ Praktische Unterweisungen
ABC-Übungseinsätze	14+ 10*	unter Einsatzbedingungen alle Funktionen mit Ausnahme von Führungsfunktionen innerhalb der ABC-Einheiten selbstständig und fachlich richtig ausüben können	Einsatz in unterschiedlicher Funktion bei unterschiedlichen Einsatzlagen	3	Einsatzübungen
Leistungsnachweis	1	den Lernerfolg nachweisen	gesamter Lehrstoff		
Gesamtstundenzahl:	70	35 Stunden zivilschutzbezogene Ausbildung			

3.6 Lehrgang „ABC-Erkundung"

Ziel der Ausbildung ist die Befähigung zur Bedienung und zum Betrieb des ABC-Erkundungskraftwagens.

Ausbildungseinheit:	Zeit:	Richt-/Groblernziele Die Teilnehmer müssen:	Inhalte:	LZS	empfohlene Methode:
Lehrgangsorganisation	2*	über Ablauf und Zielsetzung des Lehrgangs informiert werden und am Lehrgangsende Gelegenheit zur Kritik erhalten	• Organisatorisches • Stundenplan • Lernziele • Abschlussgespräch	1	Lehrvortrag
Einsatzlehre	4*	ihren Einsatzauftrag innerhalb des Aufgabenbereiches ABC-Schutz und des Zusammenwirkens mit anderen Einheiten sowie die sie betreffenden Besonderheiten des ABC-Einsatz nennen, Standortbestimmungen selbstständig durchführen und Wetterhilfsmeldungen fertigen können	• Auftrag und Aufgaben von Erkundungseinheiten • Einsatztaktik • Besonderheiten der ABC-Erkundung • Kartenkunde/Standortbestimmungen • Wetterhilfsmeldungen • Zusammenwirken mit anderen Einheiten	1 1 2 2 1	Unterrichtsgespräch/ praktische Unterweisung
Fahrzeugkunde	3*	den ABC-Erkundungskraftwagen mit den Geräten bedienen und pflegen sowie Wartungsarbeiten in ihrem Zuständigkeitsbereich nach Anleitung selbstständig durchführen können	• Beladeplan • Einsatzwert • Bedienung • Pflege/Wartung	2	Unterrichtsgespräch/ Praktische Unterweisung/Stationsausbildung

3 Technische Ausbildung

Ausbildungseinheit:	Zeit:	Richt-/Groblernziele Die Teilnehmer müssen:	Inhalte:	LZS	empfohlene Methode:
Radiologisches Messsystem	6*	die auf dem ABC-Erkundungskraftwagen verlastete Strahlenmessausstattung selbstständig bedienen können	• Handhabung des radiologischen Messsystems im eingebauten und abgesetzten Modus • Handhabung der Messerweiterung „radioaktiv" • Einsatzmöglichkeiten und -grenzen	2 2 1	Lehrvortrag/ Unterrichtsgespräch/ Praktische Unterweisungen/ Stationsausbildung
Chemisches Messsystem	8*	die auf dem ABC-Erkundungskraftwagen verlastete Spür- und Messausstattung für chemische Agenzien einschließlich Kampfstoffen selbstständig bedienen können	• Spür- und Messausstattung • Handhabung des chemischen Messsystems im eingebauten und abgesetzten Modus • Einsatzmöglichkeiten und -grenzen	2	Unterrichtsgespräch/ Praktische Unterweisungen/ Stationsausbildung
Probenahmen von radioaktiven, biologischen und chemischen Agenzien	2*	unter Beachtung möglicher Gefährdungen durch ABC-Gefahrstoffe einschließlich Kampfstoffen und entsprechender Eigenschutzmaßnahmen geeignete Probenahmen selbstständig durchführen können	• Probenahmetechniken • Probeübergaben • Sicherheitsvorkehrungen • Dokumentation/Protokoll	2	Unterrichtsgespräch/ Praktische Unterweisungen/ Stationsausbildung

Ausbildungseinheit:	Zeit:	Richt-/Groblernziele Die Teilnehmer müssen:	Inhalte:	LZS	empfohlene Methode:
ABC-Erkundung	9	alle Aufgaben, die ihnen im ABC-Erkundungseinsatz zugewiesen werden, selbstständig und fachlich richtig unter Beachtung der Sicherheitserfordernisse durchführen können	• Spürarten, Spür- und Messverfahren • Kennzeichnung und Bewachung kontaminierter Gebiete • Probenahme und Proberichte • lokale Wetterdaten	3	Praktische Unterweisung/Einsatzübungen
Leistungsnachweis	1*	den Lernerfolg nachweisen	gesamter Lehrstoff		
Gesamt:	35*	35 Stunden zivilschutzbezogene Ausbildung			

3.7 Lehrgang „ABC-Dekontamination P/G"

Ziel der Ausbildung ist die Befähigung zur Handhabung der Fahrzeuge und Geräte der Einheiten ABC-Dekontamination *Personen/Geräte*.

Ausbildungseinheit	Zeit	Groblernziele Die Teilnehmer müssen	Inhalte	LZS	empfohlene Methode
Lehrgangsorganisation	2*	über Ablauf und Zielsetzung des Lehrgangs informiert werden und am Lehrgangsende Gelegenheit zur Kritik erhalten	• Organisatorisches • Stundenplan • Lernziele • Abschlussgespräch	1	Unterrichtsgespräch

3 Technische Ausbildung

Ausbildungseinheit	Zeit	Groblernziele Die Teilnehmer müssen	Inhalte	LZS	empfohlene Methode

Einsatzlehre	2*	ihren Einsatzauftrag innerhalb des Aufgabenbereichs ABC-Schutz und des Zusammenwirkens mit anderen Einheiten sowie sie betreffenden Besonderheiten des ABC-Einsatzes nennen können	• Auftrag und Aufgaben von Dekontaminations-Einheiten
			• Besonderheiten des Dekontaminationseinsatzes
			  – Einsatzablauf
			  – Einsatzstellenorganisation
			  – Befehlsstrukturen
			• Zusammenwirken mit anderen Einheiten
				1	Unterrichtsgespräch

Dekontamination	4*	die Grundbegriffe, Grundregeln und Verfahren der ABC-Dekontamination erklären können	• Dekontaminationsarten, -verfahren, -mittel • Einsatzmöglichkeiten und -grenzen der Dekontamination von Personen/Geräten • Sicherheitsbestimmungen • Versorgung/Entsorgung • Dekontaminationsstellen • Organisatorischer Ablauf	2	Unterrichtsgespräch
Fahrzeug- und Gerätekunde	6*	die ABC-Dekontaminationsaus-rüstung einschließlich der Einsatzmöglichkeiten erklären und Pflege- und Wartungsmaßnahmen nach Anleitung selbstständig durchführen können	• Beladeplan von Dekontaminationsfahrzeugen • Bestandteile der Dekontaminationsausstattung • Verwendungszweck • Pflege und Wartung	2 2 2 3	Unterrichtsgespräch/ praktische Unterweisung

64 Teil II Musterausbildungspläne

Ausbildungseinheit	Zeit	Groblernziele Die Teilnehmer müssen	Inhalte	LZS	empfohlene Methode
Aufbau und Betrieb von Dekontaminationsstellen	20*	alle Arbeiten, die zum Aufbau und Betrieb von Dekontaminationsstellen P/G notwendig sind, nach Auftrag selbstständig und fachlich richtig durchführen können	• Aufbau und Inbetriebnahme von Dekontaminationsstellen P/G • Außerbetriebnahme und Abbau von Dekontaminationsstellen P/G • Verlastung der Dekontaminationsausrüstung auf dem Fahrzeug unter Einsatzbedingungen	3	Einsatzübungen
Leistungsnachweis	1*	den Lernerfolg nachweisen	gesamter Lehrstoff		
Gesamtstundenzahl:	35*	35 Stunden zivilschutzbezogene Ausbildung			

3.8 Lehrgang „Gerätewarte"

Ziel der Ausbildung ist die Befähigung zur Wartung, Instandhaltung, Pflege und Prüfung der Beladung von Feuerwehrfahrzeugen und der persönlichen Ausrüstung, soweit dies nicht in anderen Lehrgängen vermittelt wird, sowie zur Durchführung einfacher Wartungs- und Pflegearbeiten an Feuerwehrfahrzeugen.

3 Technische Ausbildung

Ausbildungseinheit	Zeit	Groblernziele Die Teilnehmer müssen	Inhalte	LZS	empfohlene Methode
Lehrgangsorganisation	2	über Ablauf und Zielsetzung des Lehrgangs informiert werden und am Lehrgangsende Gelegenheit zur Kritik erhalten	• Organisatorisches • Stundenplan • Lernziele • Abschlussgespräch	1	Unterrichtsgespräch
Rechtsgrundlagen	4	die für ihre Tätigkeit bedeutsamen Vorschriften nennen und ihren darauf beruhenden Aufgaben- und Verantwortungsbereich erklären können	• Landesfeuerwehrgesetz • Gerätesicherheitsgesetz • UVV Feuerwehren • Geräteprüfordnung • Prüfungs- und Benutzungsnachweise • Baurichtlinien • Normen • Verordnungen/Regelungen • Gebrauchsanleitungen • Dienstanweisungen	1 1 2 2 2 1 1 1 2 2	Unterrichtsgespräch
Feuerwehrfahrzeuge	4	vorgeschriebene Prüfungen, Wartungs- und Pflegemaßnahmen sowie Störungsbeseitigung und Instandsetzungsarbeiten in ihrem Zuständigkeitsbereich selbstständig und fachlich richtig durchführen können	• Art und Umfang durchzuführender Arbeiten • Durchführung vorgeschriebener Arbeiten • Nachweisung	2 3 3	Unterrichtsgespräch/ Stationsarbeit

66 Teil II Musterausbildungspläne

Ausbildungseinheit	Zeit	Groblernziele Die Teilnehmer müssen	Inhalte	LZS	empfohlene Methode
Feuerlöschkreiselpumpen	5	vorgeschriebene Prüfungen, Wartungs- und Pflegemaßnahmen sowie Störungsbeseitigung und Instandsetzungsarbeiten in ihrem Zuständigkeitsbereich selbstständig und fachlich richtig durchführen können	• Art und Umfang durchzuführender Arbeiten • Durchführung vorgeschriebener Arbeiten • Nachweisung	2 3 3	Unterrichtsgespräch/ Stationsarbeit
Rettungsgeräte	4	vorgeschriebene Prüfungen, Wartungs- und Pflegemaßnahmen sowie Störungsbeseitigung und Instandsetzungsarbeiten in ihrem Zuständigkeitsbereich selbstständig und fachlich richtig durchführen können	• Art und Umfang durchzuführender Arbeiten • Durchführung vorgeschriebener Arbeiten • Nachweisung	2 3 3	Unterrichtsgespräch/ Stationsarbeit
Persönliche Schutzausrüstung	3	vorgeschriebene Prüfungen, Wartungs- und Pflegemaßnahmen sowie Störungsbeseitigung und Instandsetzungsarbeiten in ihrem Zuständigkeitsbereich selbstständig und fachlich richtig durchführen können	• Art und Umfang durchzuführender Arbeiten • Durchführung vorgeschriebener Arbeiten • Nachweisung	2 3 3	Unterrichtsgespräch/ Stationsarbeit
Kraftbetriebene Geräte	5	vorgeschriebene Prüfungen, Wartungs- und Pflegemaßnahmen sowie Störungsbeseitigung und Instandsetzungsarbeiten in ihrem Zuständigkeitsbereich selbstständig und fachlich richtig durchführen können	• Art und Umfang durchzuführender Arbeiten • Durchführung vorgeschriebener Arbeiten • Nachweisung	2 3 3	Unterrichtsgespräch/ Stationsarbeit

3 Technische Ausbildung

Ausbildungseinheit	Zeit	Groblernziele Die Teilnehmer müssen	Inhalte	LZS	empfohlene Methode
Löschgeräte	5	vorgeschriebene Prüfungen, Wartungs- und Pflegemaßnahmen sowie Störungsbeseitigung und Instandsetzungsarbeiten in ihrem Zuständigkeitsbereich selbstständig und fachlich richtig durchführen können; ausgenommen Feuerlöscher	• Art und Umfang durchzuführender Arbeiten • Durchführung vorgeschriebener Arbeiten • Nachweisung	2 3 3	Unterrichtsgespräch/ Stationsarbeit
Feuerlöschschläuche	2	vorgeschriebene Prüfungen sowie Reparaturen an Saug- und Druckschläuchen selbstständig und fachlich richtig durchführen können	• Art und Umfang durchzuführender Arbeiten • Durchführung vorgeschriebener Arbeiten • Nachweisung	2 3 3	Unterrichtsgespräch/ Stationsarbeit
Leistungsnachweis	1	den Lernerfolg nachweisen	gesamter Lehrstoff		
Gesamtstundenzahl:	35				

3.9 Lehrgang „Atemschutzgerätewarte"

Ziel der Ausbildung ist die Befähigung zur Wartung, Instandsetzung, Pflege und Prüfung der Atemschutzgeräte.

Ausbildungseinheit	Zeit	Groblernziele Die Teilnehmer müssen	Inhalte	LZS	empfohlene Methode
Lehrgangsorganisation	2	über Ablauf und Zielsetzung des Lehrgangs informiert werden und am Lehrgangsende Gelegenheit zur Kritik erhalten	• Organisatorisches • Stundenplan • Lernziele • Abschlussgespräch	1	Unterrichtsgespräch
Rechtsgrundlagen	2	die für ihre Tätigkeit bedeutsamen Vorschriften wiedergeben und ihren darauf beruhenden Aufgaben- und Verantwortungsbereich beschreiben können	• Landesfeuerwehrgesetz • Feuerwehr-Dienstvorschriften • Unfallverhütungsvorschriften • Normen • Richtlinien • länderspezifische Verordnungen/Regelungen • Gebrauchsanleitungen der Hersteller	1 1 2 1 1 1 2	Lehrvortrag/ Unterrichtsgespräch

3 Technische Ausbildung

Ausbildungseinheit	Zeit	Groblernziele Die Teilnehmer müssen	Inhalte	LZS	empfohlene Methode
Atemanschlüsse (Atemschutzmasken)	7	die vorgeschriebenen Prüfungen sowie Wartungs-, Instandsetzungs- und Pflegemaßnahmen in ihrem Zuständigkeitsbereich selbstständig und fachlich richtig durchführen können	• Bauteile/Funktion • Art und Umfang der durchzuführenden Arbeiten • Prüfgeräte • Durchführung der vorgeschriebenen Arbeiten nach Gebrauchsanleitungen • Nachweis durchgeführter Arbeiten	2 2 2 3 3	Unterrichtsgespräch/ Praktische Unterweisungen/ Stationsarbeit
Isoliergeräte (Pressluftatmer)	19	die vorgeschriebenen Prüfungen sowie Wartungs-, Instandsetzungs- und Pflegemaßnahmen in ihrem Zuständigkeitsbereich selbstständig und fachlich richtig durchführen können	• Bauteile/Funktion • Art und Umfang der durchzuführenden Arbeiten • Prüfgeräte • Durchführung der vorgeschriebenen Arbeiten nach Gebrauchsanleitungen • Nachweis durchgeführter Arbeiten	2 2 2 3 3	wie oben
Reinigung und Desinfektion	2	vorgeschriebene Reinigungs- und Desinfektionsmaßnahmen selbstständig und fachlich richtig durchführen können	• Art und Umfang durchzuführender Arbeiten • Reinigungs-/Desinfektionsausrüstung und -mittel • Trocknung • Durchführung vorgeschriebener Arbeiten nach Gebrauchsanleitungen	2 2 3 3	Unterrichtsgespräch/ Praktische Unterweisungen/ Stationsarbeit

Ausbildungseinheit	Zeit	Groblernziele Die Teilnehmer müssen	Inhalte	LZS	empfohlene Methode
Kompressoren und Füllanlagen	2	Kompressoren und Füllanlagen selbstständig und fachlich richtig bedienen und vorgeschriebene Wartungs- und Pflegemaßnahmen selbstständig und fachlich richtig durchführen können	• Gerätetechnik/Bauteile • Art und Umfang vorgeschriebener Arbeiten • Durchführung vorgeschriebener Arbeiten nach Gebrauchsanleitung	2 2 3	Unterrichtsgespräch/ Praktische Unterweisungen/ Stationsarbeit
Leistungsnachweis	1	den Lernerfolg nachweisen	gesamter Lehrstoff		
Gesamtstundenzahl:	35				

4 Führungsausbildung

4.1 Lehrgang „Gruppenführer"

Ziel der Ausbildung ist die Befähigung zum Führen einer Gruppe, einer Staffel oder eines Trupps als selbstständige taktische Einheit sowie die Leitung eines Einsatzes mit Einheiten bis zu einer Gruppe.

Ausbildungseinheit	Zeit	Groblernziele Die Teilnehmer müssen	Inhalte	LZS	empfohlene Methode
Lehrgangsorganisation	2	über Ablauf und Zielsetzung des Lehrgangs informiert werden und am Lehrgangsende Gelegenheit zur Kritik erhalten	• Organisatorisches • Stundenplan • Lernziele • Abschlussgespräch	1	Unterrichtsgespräch
Führen	1+2*	unter Berücksichtigung von Führungsgrundsätzen und den Grundregeln der Menschenführung die Zielsetzung der Führung sowie die Führungsaufgaben auf Gruppenführerebene auch in den besonderen Konflikt- und Belastungssituationen im Zivilschutz und bei der Katastrophenhilfe erklären sowie Hilfsangebote anbieten können	• Führungsziele, Führungsfunktionen • Führungsaufgaben • Führungsstile • Führungspersönlichkeit • Grundbedürfnisse und ihre Wertigkeit • Menschenführung unter erschwerten Bedingungen • Verhalten von Einsatzkräften und Betroffenen unter großer physischer und psychischer Belastung (Stress)	2	Unterrichtsgespräch

Ausbildungseinheit	Zeit	Groblernziele Die Teilnehmer müssen	Inhalte	LZS	empfohlene Methode
Rechtsgrundlagen	5	die für Führungskräfte bedeutsamen gesetzlichen Regelungen des Gefahrenabwehr-, Feuerwehr- und Katastrophenschutzrechts erklären können	• Zuständigkeiten und Aufgabenverteilung • Einsatzleitung • Duldungs- und Hilfspflichten • Einschränkung von Grundrechten • Zwangsmittel • Notwehr, Nothilfe • Gefahrenlagen nach Landesgesetz • Amts- und Vollzugshilfe • Sonderrechte (StVO)	2	Unterrichtsgespräch
Ausbilden	3	die Aufgaben und die Verantwortung des Einheitsführers im Rahmen der Aus- und Fortbildung und die Standortausbildung (Gruppendienste) erklären können	• Vorbereitung • Motivation • Unterrichtsgestaltung • Lernziele • Vorbildfunktion	2	Unterrichtsgespräch
Baukunde	2	die baustoff- und bauteilbedingten Gefahren im Brandfall beschreiben und die erforderlichen Einsatzmaßnahmen erklären können	• Brandverhalten von Baustoffen und Bauteilen • Einsatzmaßnahmen	2	Unterrichtsgespräch

4 Führungsausbildung

Ausbildungseinheit	Zeit	Groblernziele Die Teilnehmer müssen	Inhalte	LZS	empfohlene Methode
ABC-Gefahrstoffe	2+3*	die Einsatzmöglichkeiten und -grenzen der Feuerwehr ohne Sonderausrüstung im ABC-Einsatz erklären können	• Einsatzgrundsätze (FwDV 500; GAMS-Regel) • Allgemeiner Einsatzablauf • Besonderheiten beim Führungsvorgang, z. B. Erkundungsschwerpunkte, Beurteilungskriterien, • Einsatzmöglichkeiten und -grenzen von Feuerwehren ohne Sonderausstattung • Heranziehen von Spezialkräften, fachkundigen Personen und zuständigen Behörden • stoffspezifische Gefahrenabwehr und Schutzmaßnahmen	2	Unterrichtsgespräch/ Stationsarbeit
Brennen und Löschen	3+1*	auf der Grundlage erweiterter Kenntnisse über den Verbrennungsvorgang die Einsatzmöglichkeiten und -grenzen der Löschmittel unter taktischen Gesichtspunkten beurteilen können	• Verbrennungsvorgang • Begriffsbestimmungen • Sicherheitstechnische Kennzahlen • Begriffsbestimmungen Explosion, Rauchgasdurchzündung • Brandverhalten von ABC-Gefahrstoffen • Einsatzmöglichkeiten und -grenzen der Löschmittel • Schaumberechnungen	2 2 2 2 3 3 3	Unterrichtsgespräch

Teil II Musterausbildungspläne

Ausbildungseinheit	Zeit	Groblernziele Die Teilnehmer müssen	Inhalte	LZS	empfohlene Methode
Fahrzeug- und Gerätekunde	2+1*	Einsatzfahrzeuge und -geräte -auch der ergänzenden Ausstattung des Bundes- unter Berücksichtigung des Einsatzwertes taktisch richtig einsetzen können	Einsatzmöglichkeiten und -grenzen von – Einsatzfahrzeugen – technischer Beladung – ergänzender Ausstattung des Bundes	3	Lehrvortrag/ Unterrichtsgespräch/ Praktische Unterweisung
Mechanik	2	die Einsatzmöglichkeiten und -grenzen der Geräte zur einfachen Technischen Hilfeleistung erklären können	• Grundregeln der Mechanik • Hebel • Anschlagen von Lasten • Rollen	2	Unterrichtsgespräch/ Stationsarbeit
Rettung	2	die Grundsätze zur Befreiung aus lebensbedrohenden Zwangslagen erklären und sie auf unterschiedliche Einsatzlagen anwenden können	• Grundsätze der Befreiung aus lebensbedrohenden Zwangslagen, z.B. von eingeschlossenen, verschütteten oder eingeklemmten Personen	3	Unterrichtsgespräch
Einsatzplanung und -vorbereitung	2+1*	die Zielsetzungen und Möglichkeiten der Einsatzplanung und Einsatzvorbereitung erklären können	• Alarm- und Ausrückeordnung • Feuerwehrpläne • Einsatzpläne • KatS-Pläne • Sonderschutzpläne – Zielsetzungen – Inhalte	2	Unterrichtsgespräch

4 Führungsausbildung

Ausbildungseinheit	Zeit	Groblernziele Die Teilnehmer müssen	Inhalte	LZS	empfohlene Methode
Einsatzlehre	3	die auftretenden Gefahren an Einsatzstellen erkennen, richtig beurteilen und entsprechende Gefahrenabwehr- und Schutzmöglichkeiten erklären können	• Anwendung der Gefahrenmatrix auf Fahrzeugführerebene • Gefahrenursachen und -wirkungen • Beurteilungskriterien • Einsatzmaßnahmen	3	Unterrichtsgespräch/ Stationsarbeit
Einsatztaktik	4	den Führungsvorgang erklären und anwenden können	• Bedeutung und Elemente des Führungsvorgangs • Erkundungsgrundsätze • Beurteilungskriterien • Taktikvarianten • Taktikregeln • Führung eines Einsatzabschnitts	3	Unterrichtsgespräch
Brandbekämpfung und Hilfeleistung	18+ 2*	taktische Einheiten bis zur Stärke einer Gruppen im Lösch-, Hilfeleistungs- und ABC-Einsatz selbstständig und fachlich richtig – auch im Zivilschutz und der Katastrophenhilfe – führen können	• Vorgabe von Schadenlagen mit zunehmendem Schwierigkeitsgrad aus den Bereichen Brandbekämpfung und Hilfeleistung bei unterschiedlicher Allgemeiner und Eigener Lage • Besonderheiten beim Einsatz der ergänzenden Bundesausstattung	3	Einsatzübungen (u. a. auch Zugübungen)/ Planübungen

Ausbildungseinheit	Zeit	Groblernziele Die Teilnehmer müssen	Inhalte	LZS	empfohlene Methode
Einsatzberichte	1	die von der zuständigen Behörde geforderten Einsatzberichte anfertigen und deren Notwendigkeit erklären können	Einsatzberichte für Lösch- und Hilfeleistungseinsätze	2	Unterrichtsgespräch
Unfallverhütung	1	die Bedeutung der Einhaltung der Unfallverhütungsvorschriften anhand von Beispielen und die Verantwortlichkeiten des Gruppenführers in diesem Bereich erklären können	• Unfallverhütungsvorschriften • Unfallverhütungsmaßnahmen • Verantwortlichkeiten	2	Unterrichtsgespräch
Vorbeugender Brandschutz	2	Ziele, Maßnahmen und Bedeutung des Vorbeugenden Brandschutzes als Teil des Vorbeugenden Gefahrenschutzes nennen sowie die aus Feuerwehrsicht bedeutsamen Fakten zu Funktion und Betrieb der wichtigsten Brandschutzeinrichtungen wiedergeben können	• Rettungswege • Brandabschnitte • Rauch- und Wärmeschutzanlagen • Ortsfeste Löschanlagen • Brandmeldeanlagen	2	Unterrichtsgespräch
Brandsicherheitswachdienst	1	die Aufgaben und Befugnisse des Brandsicherheitswachdienstes erklären können	• Aufgaben und Befugnisse nach Landesrecht • Auftreten, Verhalten	2	Unterrichtsgespräch
Leistungsnachweis	4	den Lernerfolg nachweisen	gesamter Lehrstoff		
Gesamtstundenzahl:	70	einschließlich 10 Stunden zivilschutzbezogene Ausbildung			

4.2 Lehrgang „Zugführer"

Ziel der Ausbildung ist die Befähigung zum Führen eines Zuges – einschließlich eines erweiterten Zuges – sowie die Leitung eines Einsatzes mit Einheiten bis zur Stärke einer erweiterten Zuges.

Ausbildungseinheit	Zeit	Groblernziele Die Teilnehmer müssen	Inhalte	LZS	empfohlene Methode
Lehrgangsorganisation	2	über Ablauf und Zielsetzung des Lehrgangs informiert werden und am Lehrgangsende Gelegenheit zur Kritik erhalten	• Organisatorisches • Stundenplan • Lernziele • Abschlussgespräch	1	Unterrichtsgespräch
Rechtsgrundlagen	1+2*	die gesetzlichen Regelungen zur Einsatzleitung – auch im Zivilschutz und bei der Katastrophenhilfe – erklären und anwenden können	• Rechtsstellung, Zuständigkeiten, Befugnisse des Einsatzleiters nach Landesrecht • bundesgesetzliche Regelungen zum Zivilschutz und der Katastrophenhilfe • mitwirkende Einheiten und Einrichtungen	3	Unterrichtsgespräch/ Gruppenarbeit
Ausbilden	5	die Voraussetzungen für eine zielgruppengerechte Standortausbildung erklären und beurteilen können	• Möglichkeiten und Prinzipien der Ausbildung – Taktische Aufgaben – Planübungen – Einsatzübungen • Ausbildungsvorgaben, -inhalte, -organisation	2	Unterrichtsgespräch/ Gruppenarbeit

Ausbil-dungs-einheit	Zeit	Groblernziele Die Teilnehmer müssen	Inhalte	LZS	empfoh-lene Methode
Führen	3+3*	die Zusammenhänge zwischen Führungspersönlichkeit, Führungsverhalten und Führungsstilen erklären und Lösungsmöglichkeiten für Führungsaufgaben auch in besonderen Konflikt- und Belastungssituationen – auch im Zivilschutz und in der Katastrophenhilfe – erklären können	• Führungspersönlichkeit • Führungsverhalten • Führungsstile • Führungsorganisation • Erkennen von besonderen Belastungssituationen • mögliche Ursachen besondere Belastungssituationen/Extremsituationen • Möglichkeiten der Stressvorbeugung, -vermeidung und -begrenzung	2	Unterrichtsgespräch/ Rollenspiele/ Gruppenarbeiten
Einsatzplanung und -vorbereitung	2	Grundsätze für die Erstellung von Einsatzunterlagen erklären können	• Alarm- und Ausrückeordnung • Ortsbeschreibung, Objektkunde und -beurteilung • Einsatzpläne	2	Unterrichtsgespräch/ Stationsarbeit
Brandbekämpfung und Hilfeleistung	37 +5*	taktische Einheiten bis zur Stärke eines erweiterten Zuges ohne Sonderausrüstung im Lösch-, Hilfeleistungs- und ABC-Einsatz – auch im Zivilschutz und bei der Katastrophenhilfe – selbstständig und fachlich richtig führen und Einsatzleiterfunktion übernehmen können	• FwDV 3 • FwDV 100 • FwDV 500 • Führungssystem • Fernmeldeorganisation • Wasserförderung über lange Wege Kolonnenfahrt	3	Planübungen/ Einsatzübungen/ Unterrichtsgespräch

4 Führungsausbildung

Ausbildungseinheit	Zeit	Groblernziele Die Teilnehmer müssen	Inhalte	LZS	empfohlene Methode
Baukunde	2	an Hand unterschiedlicher Merkmale an Gebäuden die eventuell auftretenden Gefahren im Einsatzfall erkennen und die erforderlichen Maßnahmen erklären können	• Bauarten u. -weisen • Kräfte am Bauwerk • Feuerwiderstände • Einflussgrößen für Feuerwiderstände	2	Unterrichtsgespräch
Neuentwicklungen	2	aktuelle Neuentwicklungen im Feuerwehrwesen kennenlernen und Änderungen in Bezug auf die Ausbildung und Einsatztaktik erklärenkönnen	Aktuelle Themen	2	Unterrichtsgespräch
Vorbeugender Brandschutz	2	die Vorteile und Einsatzgrenzen insbesondere von technischen Maßnahmen des Vorbeugenden Gefahrenschutzes erklären können	• stationäre Löschanlagen • Rauch- und Wärmeabzugsanlagen • Einsatzhinweise	2	Unterrichtsgespräch
Leistungsnachweis	4	den Lernerfolg nachweisen	gesamter Lehrstoff		
Gesamtstundenzahl:	70	einschließlich 10 Stunden zivilschutzbezogene Ausbildung			

4.3 Lehrgang „Verbandsführer"

Ziel der Ausbildung ist die Befähigung zum Führen von Einheiten über dem erweiterten Zug (Führungsstufe C: Führen mit einer Führungsgruppe) sowie zur Leitung auch von Einsätzen mit Einheiten verschiedener Aufgabenbereiche auf der Grundlage der Feuerwehr-Dienstvorschrift 100 (FwDV 100).

Ausbildungseinheit	Zeit	Groblernziele Die Teilnehmer müssen	Inhalte	LZS	empfohlene Methode
Lehrgangsorganisation	2	über Ablauf und Zielsetzung des Lehrgangs informiert werden und am Lehrgangsende Gelegenheit zur Kritik erhalten	• Organisatorisches • Stundenplan • Lernziele • Abschlussgespräch	1	Unterrichtsgespräch
Rechtsgrundlagen	2	die für die Zusammenarbeit von Behörden und Organisationen der Gefahrenabwehr bedeutsamen gesetzlichen Regelungen praxisbezogen erklären können	• Landesgesetz zur Gefahrenabwehr • Feuerwehr-, Zivil- und Katastrophenschutzgesetz • Behörden der Gefahrenabwehr • Zuständigkeiten • Befugnisse • Unterstellungsverhältnisse • Amts- und Vollzugshilfe • Grundsätze für die Zusammenarbeit an Einsatzstellen	2	Unterrichtsgespräch

4 Führungsausbildung

Ausbildungseinheit	Zeit	Groblernziele Die Teilnehmer müssen	Inhalte	LZS	empfohlene Methode
Aufgabenbereiche im Zivil- und Katastrophenschutz	1	die auf Grundlage der gesetzlichen Regelungen im Katastrophenschutz mitwirkenden Aufgabenbereiche und Organisationen sowie deren Aufgabenstellung und Ausstattung wiedergeben können	• Aufgabenstellung • Gliederung • Ausstattung • ergänzende Ausstattung	1	Lehrvortrag/ Unterrichtsgespräch
Führungssystem	2	die Besonderheiten in der Anwendung des Führungssystems beim Führen von Verbänden und in der Einsatzleitung erklären können	• Schwerpunkte: • Führungsvorgang • Führungsorganisation • Führungsmittel	2	Unterrichtsgespräch
Führungsorganisation	4	• die Führungsstufen „A", „B", „C" und „D" nennen und die Führungseinheiten zuordnen können • die Gliederung und die Zusammenarbeit in einer Einsatzleitung wiedergeben können • die Funktionen in der Führungsgruppe fachlich richtig und selbstständig ausführen können	• Führungsstufen nach FwDV 100 • Führungseinheiten • Gliederung und Umfang einer Einsatzleitung • Funktionen in einer Führungsgruppe	1 2 2 3	Lehrvortrag/ Unterrichtsgespräch

Ausbildungseinheit	Zeit	Groblernziele Die Teilnehmer müssen	Inhalte	LZS	empfohlene Methode
Führungsvorgang/ Arbeiten in und mit der Führungsgruppe	18	• Führungsebenen entsprechend des Schadensereignisses selbstständig und fachlich richtig festlegen können • die in einer Einsatzleitung beim Einsatz von mehreren Zügen notwendigen Führungsmittel selbstständig und fachlich richtig einsetzen können • die Aufgaben anderer am Einsatz beteiligter Organisationen erklären können • die Aufgaben von Fachberatern und Verbindungspersonen erklären können • alle Führungsaufgaben innerhalb einer Einsatzleitung und Einsatzabschnittsleitung übernehmen können	• Führungsebenen • Einsatzabschnitte nach Umfang des Einsatzes, räumlicher Größe und Art der Tätigkeit • Lageskizzen, Kräfteübersicht • Zusammenarbeit mit Polizei, Rettungsdienst, THW • Fachberater und Verbindungspersonen • Einsatzleiter • Führungsassistenten • Einsatzabschnittsleiter	3 3 3 2 2 3	Einsatzübungen/ Planübungen
Führungsmittel	2	fernmeldetaktische Strukturen beim Einsatz mehrerer Züge selbstständig anwenden können	• Fernmeldeorganisation, Kanalvergabe • Fernmeldeskizze	3	Unterrichtsgespräch/ Einsatzübungen/ Planübungen

Ausbildungs-einheit	Zeit	Groblernziele Die Teilnehmer müssen	Inhalte	LZS	empfohlene Methode
Öffentlichkeitsarbeit	2	die Rechte und Pflichten des Einsatzleiters bei der Öffentlichkeitsarbeit erklären können	• rechtliche Bestimmungen • Umgang mit Schaulustigen und Medienvertretern	2	Unterrichtsgespräch
Anlegen von Übungen	1	die Voraussetzungen für eine Übung für die „Führungsgruppe" nennen können	Übungsgestaltung auf den Führungsebenen „Zug" und „Einsatzabschnitt"	1	Lehrvortrag/ Unterrichtsgespräch
Leistungsnachweis	1	den Lernerfolg nachweisen	gesamter Lehrstoff		
Gesamtstundenzahl:	35				

4.4 Lehrgang „Einführung in die Stabsarbeit"

Ziel der Ausbildung ist die Befähigung zur selbstständigen Führung eines Sachgebietes in einer stabsmäßig arbeitenden Einsatzleitung.

Ausbildungs-einheit	Zeit	Groblernziele Die Teilnehmer müssen	Inhalte	LZS	empfohlene Methode
Lehrgangsorganisation	2	über Ablauf und Zielsetzung des Lehrgangs informiert werden und am Lehrgangsende Gelegenheit zur Kritik erhalten	• Organisatorisches • Stundenplan • Lernziele • Abschlussgespräch	1	Unterrichtsgespräch

Ausbildungseinheit	Zeit	Groblernziele Die Teilnehmer müssen	Inhalte	LZS	empfohlene Methode
Führungssystem	6	das Führungssystem beim stabsmäßigen Führen erklären und anwenden können	• Führungsorganisation – Gliederung von Führungsstäben – Aufgaben und Zuständigkeiten der Stabsmitglieder • Führungsvorgang – Arbeitsabläufe, – Arbeitsweisen und -verfahren beim stabsmäßigen Führen • Führungsmittel – Vordrucke – Einsatzunterlagen – Lagekarten	3	Unterrichtsgespräch/ Stationsarbeit
Zusammenarbeit bei der Gefahrenabwehr	2	die Struktur anderer Dienststellen und Einheiten sowie die Grundsätze der Zusammenarbeit im Stab beschreiben und anwenden können	• Behörden und Organisationen mit Sicherheitsaufgaben • Anforderungsverfahren • Grundsätze für die Zusammenarbeit im Stab	3	Unterrichtsgespräch

Ausbildungseinheit	Zeit	Groblernziele Die Teilnehmer müssen	Inhalte	LZS	empfohlene Methode
Vorbereitende Maßnahmen	2	erklären können, welche Möglichkeiten der Einsatzplanung und -vorbereitung für Großschadenlagen bzw. den Katastrophenfall als Grundlage für eine wirkungsvolle Stabsarbeit bestehen und Einsatzunterlagen gezielt auswerten bzw. anwenden können	• Gefahrenanalyse, Notfallplanung • Alarmierungsregelungen • Katastrophen- und Sonderschutzpläne • Aufstellung und Ausbildung von Katastrophenschutz-Einheiten • Alarmierung/Warnung der Bevölkerung • Führungs- und Fernmeldeorganisation	3	Unterrichtsgespräch
Stabsübungen	22	in allen Stabsfunktionen selbstständig und fachlich richtig arbeiten können	Einsatz in unterschiedlichen Stabsfunktionen	3	Stationsarbeit/ Planübungen
Leistungsnachweis	1	den Lernerfolg nachweisen	gesamter Lehrstoff		
Gesamtstundenzahl:	35				

4.5 Lehrgang „Führen im ABC-Einsatz"

Ziel der Ausbildung ist die Befähigung zum taktisch richtigen Einsatz der ABC-Ausrüstung und zum Führen entsprechend ausgebildeter taktischer Einheiten im ABC-Einsatz.

86 Teil II Musterausbildungspläne

Ausbildungseinheit	Zeit	Groblernziele Die Teilnehmer müssen	Inhalte	LZS	empfohlene Methode
Lehrgangsorganisation	2*	über Ablauf und Zielsetzung des Lehrgangs informiert werden und am Lehrgangsende Gelegenheit zur Kritik erhalten	• Organisatorisches • Stundenplan • Lernziele • Abschlussgespräch	1	Unterrichtsgespräch
Grundlagen des ABC-Einsatzes	3*	die für ABC-Einsätze der Feuerwehr geltenden Richtlinien erklären können	• Taktik des ABC-Einsatzes nach FwDV 500 • Einsatzvorbereitung • Einsatzabwicklung • Einsatznachbereitung • Einsatzmöglichkeiten und -grenzen von taktischen ABC-Einheiten	2	Unterrichtsgespräch
Zuständigkeiten im ABC-Einsatz	1*	die Grundsätze des Zusammenwirkens von ABC-Einheiten mit anderen Organisationen und Aufgabenträgern – auch im Zivilschutz und in der Katastrophenhilfe – erklären können	• Aufgabenträger • Zuständigkeiten • Unterstellungsverhältnisse/Weisungsberechtigung • Zusammenarbeit	2	Unterrichtsgespräch
Einsatztaktik bei chemischen Gefahrstoffen	7*	die Einsatztaktik bei Einsätzen mit chemischen Gefahrstoffen entsprechend der spezifischen Einsatzrichtlinie erklären und anwenden können	• Gefahrengruppen • Beurteilungswerte • Maßnahmengruppen • Taktik bei Einsätzen mit chemischen Stoffen nach FwDV 500 Teil IIC	3	Unterrichtsgespräch/Planübung
Einsatztaktik bei biologischen Gefahrstoffen	2*	die Einsatztaktik bei Einsätzen mit biologischen Gefahrstoffen entsprechend der spezifischen Einsatzrichtlinie erklären und anwenden können	• Risiko- und Gefahrengruppen • Beurteilungswerte • Taktik bei Einsätzen mit biologischen Stoffen nach FwDV 500 Teil IIB	3	Unterrichtsgespräch/Planübung

4 Führungsausbildung

Ausbildungseinheit	Zeit	Groblernziele Die Teilnehmer müssen	Inhalte	LZS	empfohlene Methode
Einsatztaktik bei radioaktiven Gefahrstoffen	8*	die Einsatztaktik bei Strahlenschutzeinsätzen entsprechend der spezifischen Einsatzrichtlinie erklären und anwenden können	• Gefahrengruppen • Beurteilungswerte • Grundlagen der Eigenschaften radioaktiver Stoffe und deren Strahlung zur Beurteilung bestehender Gefahren • Biologische Wirkung der Strahlung • Taktik bei Einsätzen mit radioaktiven Stoffen nach FwDV 500 Teil IIA	3	Unterrichtsgespräch/ Planübung
Informationssysteme	3*	Informationssysteme unterschiedlicher Art für ABC-Einsätze selbstständig und gezielt nutzen und erhaltene Informationen zielgerichtet auswerten und bewerten können	• Übersicht Mittel zur stoffspezifischen Informationsgewinnung • Praktischer Einsatz von Mitteln zur Informationsgewinnung • Zusammenarbeit mit TUIS • Nutzung von Datenbanken	3	Unterrichtsgespräch/ Gruppenarbeit
Fahrzeug- und Gerätekunde	2*	Den taktischen Einsatzwert von ABC-Einsatzfahrzeugen erklären können	• Einsatzmöglichkeiten und -grenzen der ABC-Fahrzeuge und ihrer Ausrüstung	2	Unterrichtsgespräch

Teil II Musterausbildungspläne

Ausbildungseinheit	Zeit	Groblernziele Die Teilnehmer müssen	Inhalte	LZS	empfohlene Methode
Messen	6*	selbstständig und fachlich richtig Messergebnisse auf geeignete Art und Weise zielgerichtet beschaffen, zusammenfassen, bewerten und weitergeben können sowie geeignete Maßnahmen daraus ableiten können	• Einsatzmöglichkeiten und -grenzen der Mess-, Nachweis- und Spürausstattung	3	Unterrichtsgespräch/ Gruppenarbeit
			• Messtaktik	3	
			• Wetterparameter	2	
			• Ausbreitungsmodelle	2	
			• Festlegung – der Messorte – von Messrastern	3	
			• Erteilung von Spür- und Messaufträgen	3	
			• Veranlassung von Probenahmen	3	
			• Festlegung von Probenahmenrastern	3	
			• Interpretation, Dokumentation und Weitermeldung von Mess- und Spürergebnissen sowie Proben	3	
			• Kennzeichnung, Überwachung und Darstellung kontaminierter Bereiche	3	
Objektkunde	5*	objektspezifische Besonderheiten im Umgang mit Gefahrstoffen kennen lernen	• Besichtigung/Vorstellung von Betrieben und Einrichtungen alternativ: • Vorstellung anderer Einrichtungen, Organisationen der ABC-Abwehr (z.B. TUIS, Task-Forces, ZUB)	1	Praktische Unterweisung

4 Führungsausbildung 89

Ausbildungseinheit	Zeit	Groblernziele Die Teilnehmer müssen	Inhalte	LZS	empfohlene Methode
Einsatzlehre	15*	die erworbenen Kenntnisse in der Anwendung des Führungsvorgangs bei ABC-Einsätzen lagebezogen taktisch richtig anwenden können	• Anwendung des Führungsvorganges im ABC-Einsatz bei unterschiedlichen Lagen • Planübungsauswertung	3	Planübungen
Einsatzübungen	15*	die erworbenen Kenntnisse lagebezogen im Rahmen von komplexen Einsatzübungen richtig anwenden können		3	Einsatzübungen
Leistungsnachweis	1*	den Lernerfolg nachweisen	gesamter Lehrstoff		
Gesamtstundenzahl:	70	70 Stunden zivilschutzbezogene Ausbildung für ABC-Unterführer und ABC-Führungskräfte			

4.6 Lehrgang „Leiter einer Feuerwehr"

Ziel der Ausbildung ist die Befähigung zur Leitung einer Feuerwehr in organisatorischer und verwaltungsmäßiger Hinsicht.

Ausbildungseinheit	Zeit	Groblernziele Die Teilnehmer müssen	Inhalte	LZS	empfohlene Methode
Lehrgangsorganisation	2	über Ablauf und Zielsetzung des Lehrgangs informiert werden und am Lehrgangsende Gelegenheit zur Kritik erhalten	• Organisatorisches • Stundenplan • Lernziele • Abschlussgespräch	1	Unterrichtsgespräch

Teil II Musterausbildungspläne

Ausbildungseinheit	Zeit	Groblernziele Die Teilnehmer müssen	Inhalte	LZS	empfohlene Methode
Rechtsgrundlagen	10	aus den entsprechenden Rechtsgrundlagen ihre Aufgaben, Zuständigkeiten und Befugnisse als Leiter einer Feuerwehr ableiten können	• Hierarchie der Rechtsnormen • Feuerwehr- und Katastrophenschutzrecht • Kommunalrecht • Verwaltungsrecht • Haftungsrecht • Vereinsrecht (BGB)	3	Unterrichtsgespräch/ Gruppenarbeit
Organisation und Geschäftsverteilung	1	die organisatorischen Maßnahmen zur Leitung einer Feuerwehr erklären können	• Organigramm • Geschäftsverteilungsplan	2	Unterrichtsgespräch
Haushaltswesen und Beschaffung	6	die grundlegenden Regelungen der Haushaltsführung erklären und anwenden können	• Bedarfsplanung • Beschaffungsplan • Haushaltsplan • Ausschreibung • Zuschüsse und Förderrichtlinien • Beschaffung • Bevorratung • Gerätenachweis	3	Unterrichtsgespräch/ Rollenspiel
Soziale Fürsorge	4	Regelungen der sozialen Absicherung der Feuerwehrangehörigen auf konkrete Beispiele anwenden und bewerten können	• Personalzuwendungen • Unfallverhütung • Geräteprüfordnung • Versicherungsschutz • Einsatznachbereitung	3	Unterrichtsgespräch/ Gruppenarbeit

4 Führungsausbildung 91

Ausbildungseinheit	Zeit	Groblernziele Die Teilnehmer müssen	Inhalte	LZS	empfohlene Methode
Personalplanung und -führung	8	allgemeine Führungsgrundsätze sowie personalbezogene Planungen erklären und diese auf eigene Verhältnisse übertragen können	• Menschenführung • Gesprächsführung • Führungsverhalten • Organe der Feuerwehr • Aufnahmen, Entlassungen • Wahlverfahren • Personalstruktur • Ausbildungsplanung	3	Unterrichtsgespräch/ Rollenspiel/ Gruppenarbeit
Öffentlichkeitsarbeit	3	die Bedeutung, Ziele und Möglichkeiten der Öffentlichkeitsarbeit erklären können	• Mitgliederwerbung • Zusammenarbeit mit Presse, Rundfunk, Fernsehen • Veröffentlichungen • Veranstaltungen • Nutzung neuer Medien • Förderung des Ansehens	2	Unterrichtsgespräch/ Gruppenarbeit
Leistungsnachweis	1	den Lernerfolg nachweisen	gesamter Lehrstoff		
Gesamtstundenzahl:	35				

4.7 Lehrgänge „Ausbilder in der Feuerwehr"

Ziel der Ausbildung ist die Befähigung zur Durchführung theoretischer und praktischer Ausbildung in den nicht an Landesfeuerwehrschulen durchgeführten Lehrgängen.

Ausbildungseinheit	Zeit	Groblernziele Die Teilnehmer müssen	Inhalte	LZS	empfohlene Methode
Lehrgangsorganisation	2	über Ablauf und Zielsetzung des Lehrgangs informiert werden und am Lehrgangsende Gelegenheit zur Kritik erhalten	• Organisatorisches • Stundenplan • Lernziele • Abschlussgespräch	1	Unterrichtsgespräch
Rechtsgrundlagen und Organisation	2	wissen, auf welchen gesetzlichen Vorgaben, die Ausbildung der Freiwilligen Feuerwehr beruht	• Landesfeuerwehrgesetze, Feuerwehr-Dienstvorschriften, Unfallverhütungsvorschriften • Kostenträger, Kostenersatz • Dienstpflichten • Freistellung • Zuschussregelungen • Voraussetzungen für die Teilnahme an Lehrgängen • Aufgaben der Feuerwehrführung • Mitwirkende in der Ausbildung • Ausbildungsorganisation • Ausbildungsnachweise	1	Lehrvortrag/ Unterrichtsgespräch

4 Führungsausbildung

Ausbildungseinheit	Zeit	Groblernziele Die Teilnehmer müssen	Inhalte	LZS	empfohlene Methode
Grundlagen des Ausbildens	9	• die besonderen Anforderungen an die Einsatzkräfte und die daraus resultierenden Besonderheiten für die Ausbildung erklären können • die Faktoren, die die Motivation beeinflussen und deren Wirkung im Unterrichtsgeschehen erklären können • die Strukturen und Faktoren, die die Unterrichtsgestaltung beeinflussen sowie deren Zusammenhänge und Abhängigkeiten erklären können	• Grundlagen menschlichen Verhaltens und Lernens (Gehirnleistung, Entstehung und Auswirkung von Stress, Drill) • der Ausbilder • Stufen des Lernens • Lernziele • Lerninhalte • Ausbildungsmethoden • Medien • Lernzielkontrolle • Organisatorischer Rahmen	2	Unterrichtsgespräch/ Gruppenarbeit

Ausbildungseinheit	Zeit	Groblernziele Die Teilnehmer müssen	Inhalte	LZS	empfohlene Methode
Lehrgangs- und Unterrichtsgestaltung	21	• die didaktischen Abhängigkeiten und Zusammenhänge der einzelnen in der FwDV 2 geforderten Ausbildungseinheiten erklären und auf den konkreten Lehrgang anwenden können	• Gestaltung eines Lehrgangsplanes	3	Unterrichtsgespräch/ Stationsarbeit Lehrübung/ Rollenspiel/ Unterrichtsgespräch
		• auf der Grundlage von vorgegebenen Lernzielen für eine konkrete Zielgruppe Unterricht methodisch und didaktisch sinnvoll planen und selbstständig und fachlich richtig gestalten können	• Unterrichtsvorbereitung, Lehrübungen und Nachbesprechungen	3	
Leistungsnachweis	1	den Lernerfolg nachweisen	gesamter Lehrstoff		
Gesamtstundenzahl:	35				

5 Fortbildung

Lernziele, Inhalte und Methoden werden im Einzelfall festgelegt.

2021. 93 Seiten mit 26 Abb. und 1 Tab. Kart.
€ 15,–
ISBN 978-3-17-039436-0
Die Roten Hefte/
Ausbildung kompakt, 228

Eine zielführende und motivierende Ausbildung ist das Kernelement einer einsatzstarken Feuerwehr. Damit in der Ausbildung nicht nur frontal Wissen vermittelt wird, sondern die Auszubildenden nachhaltig Nutzen hieraus ziehen können, braucht es verschiedene Elemente. Eines davon ist die Methodik in der Ausbildung, also die Frage danach, wie etwas vermittelt wird. Der Autor stellt anhand einer Sammlung von 14 Methoden exemplarisch vor, wie man eine Übung methodisch spannend und sinnvoll gestalten kann. Das Buch bietet Ausbildern, nicht nur auf Führungsebene, eine schnelle Übersicht mit wichtigen Tipps und Tricks für eine zielführende und spannende Ausbildungsgestaltung.

Digitalausgabe in der BRANDSchutz-App und als E-Book erhältlich.
Leseproben und weitere Informationen: **shop.kohlhammer.de**